ACADEMIA SOCIETY　杉田 米行 監修　NO.11

社会学で解く現代アメリカ

山元 里美 著

大学教育出版

まえがき

　本書を執筆するにあたり、頭に思い浮かんだのは「英語論文作成法」という演習クラスです。この演習クラスは、英文学科3年生を対象としており、英語で10ページ以内の論文を執筆することを学ぶクラスで、授業担当者は学生に英語で論証することを教えなければいけません。

　筆者はこの演習ゼミを2年間担当しました。学生たちは自ら研究テーマを見つけ、先行研究、第一次資料（新聞・雑誌記事）を集め、四苦八苦しつつも英語で上手にレポートを作成していました。しかし、論文ではありませんでした。

　筆者の演習ゼミには、時事問題に興味がある学生が多く、先攻研究がほとんどないテーマばかりでした。議論が重ねられてきたテーマであれば、先行研究が多くあり、論文の方向性を決める際の参考になります。しかし時事問題に関しては、それに関する先行研究が少ないことが多いです。その結果、学生たちは、新聞や雑誌記事だけを頼りに研究を進め、論文の中に「argument（論旨、主張）」がなく、叙述的なレポートに仕上がっていました。

　筆者も未だに苦労するのが argument のある論文を書くことです。ただ単に事実を叙述するのではなく、事実を踏まえた上で新しい視点を論証するには、論理的に考える力だけでなく、さまざまな理論的枠組みを知っていることが肝要です。ある事象を既存の理論・概念に照らし合わせ、類似点と相違点を見いだすことによって、自分なりの新たな視点を築くことができます。

　その時、イリノイ大学大学院でティーチング・アシスタントとして教えた「社会学入門（Introduction to Sociology）」での経験を思い出しました。19世紀後半に考えられた理論を取り上げながらも、これらの理論が2000年代のアメリカ社会にどのように当てはまるか、また時代と共に何が変わり、その事実によって理論の枠組みがどのように再構築されるかを教えることで、筆者自身も理論を用いて事象を検証し分析するというプロセスを学んだと思います。

少しでも、現代アメリカ社会を社会学的に考察する上で役に立てればと思い執筆しました。本書では、幅広い内容をカバーするように努力しましたが、自分の専門分野との兼ね合いもあり、取り上げた題材には偏りがあります。各1章を90分授業で1〜2回で教えることを想定して書き上げました。各章の構成は前半を社会（学）理論の概念、後半に事例を取り上げ、前半で取り上げた概念との関連性が見えるようにしました。

前半部分のSociological Conceptsには、可能な限り文献からの引用を多く入れました。社会（学）理論の著書は、原著を翻訳したものが多いためか、難解な日本語で書かれており、理解するのが難しいため、入門書では敬遠される傾向があります。ところが、理論の概要だけを読むよりも、理論家が実際に書いた文章を読んだ方が、自分の中にさまざまな疑問がわきだし、新たなアイデアを思いつくものです。

さらに、授業資料を作成する際の参考になればと思い、アメリカでフィールド調査をした時に撮影した写真や映像で公開可能なものは、YouTube（http://www.youtube.com/channel/UCaYi4J28peX1RHeLXAypIQg/videos）に随時アップロードします。ご覧になりたい方々はぜひアクセスしてください。

筆者は、日本女子大学大学院に在籍していた時（1996-1998）に「同性婚・セクシュアリティ・アメリカの家族」を、シカゴ大学大学院に在籍していた時（1999-2000）は「グローバル都市におけるアメリカ・フィリピン間のケア労働力移動」を、イリノイ大学大学院アーバナ・シャンペーン校（2001-2008）に在籍していた時には「移住仲介者（migration intermediaries）とトランスナショナリズム」「非営利組織と不法移民労働者（主に男性路上労働者）の関係性」について研究していました。現在は「不用物の社会学（sociology of waste）」に興味があります。

日本女子大学大学院時代には島田法子先生、シカゴ大学大学院時代にはサスキア・サッセン（Saskia Sassen）先生、イリノイ大学大学院アーバナ・シャンペーン校時代にはヤン・ネーデルフィン・ピータシェ（Jan Nederveen Pieterse）先生に主査としてご指導いただきました。3人の先生から学んだこ

とをベースに、本書のようにまとめることができました。この場を借りて、お礼申し上げます

2013 年 10 月吉日

山元　里美

社会学で解く現代アメリカ

目　次

まえがき ……………………………………………………………… 1

第1章　K. マルクス - 資本主義社会と労働 ……………………… 9
　Sociological Concepts　疎外された労働　9
　Sociological Application　食肉処理場で働く移民労働者たち　23

第2章　E. デュルケーム - 個人と社会連帯 ……………………… 31
　Sociological Concepts　機械的連帯と有機的連帯　31
　Sociological Application　全米で人口移動率が最も低い町　45

第3章　M. ウェーバー - 社会学の根本概念と方法論 …………… 56
　Sociological Concepts　社会的行為の合理性と非合理性　56
　Sociological Application　障がい児を産みたい心境とは　67

第4章　E. ゴッフマン - 社会が作る多元的自己 ………………… 73
　Sociological Concepts　スティグマ　73
　Sociological Application　本当にアジア系アメリカ人は理系志向？
　　　　　　　　　　　　　　　　　　　　　　　　　　90

第5章　A.R. ホックシールド - 感情労働 ………………………… 99
　Sociological Concepts　管理される心　99
　Sociological Application　2008年ニューハンプシャー州予備選挙で
　　ヒラリー・クリントン氏が見せた涙の反響　110

第6章　M. フーコー - セクシュアリティ理論 …………………… 117
　Sociological Concepts　生の力（バイオ・パワー）　117
　Sociological Application　伝統的家族観 vs. 同性婚　123

第7章　M. ダグラス - 社会と不用物の関係 ……………………………… *130*
　　　　Sociological Concepts　汚れ・穢れとは　　*130*
　　　　Sociological Application　廃棄魚種を食料品に　　*140*

謝　辞……………………………………………………………………… *148*

第1章

K. マルクス – 資本主義社会と労働

Sociological Concepts　疎外された労働

　カール・マルクス（Karl Marx 1818年5月5日-1883年3月14日）はドイツ出身の思想家です。著書には『経済学・哲学草稿』（1964[1844]）、『ドイツ・イデオロギー』（1956[1845]）、『共産党宣言』（1951[1848]）、『資本論』（1969[1867]）などがあり、哲学、経済学、歴史学、社会学と幅広い学術分野に強い影響力を及ぼした学者です。

　1989年の冷戦以降、共産主義圏が続々と崩壊する中で、なぜマルクス理論を勉強する必要があるのでしょうか？『共産党宣言』（1951[1848]）の「第一章　ブルジョアとプロレタリア」の中で、マルクスはブルジョア階級の行動について次のように述べています。

> 　ブルジョア階級は、生産用具を、したがって生産関係を、したがって全社会関係を、絶えず革命しなくては生存しえない。
> 　自分の生産物の販路を常にますます拡大しようという欲望は、ブルジョア階級を駆って全地球をかけまわらせる。どんなところにも、かれらは巣を作り、どんなところにも植民し、どんなところとも関係を結ばねばならない。
> 　ブルジョア階級は、世界市場の搾取を通して、あらゆる国々の生産と消費とを世界主義的なものに作り上げた。

ブルジョア階級は、生産用具の急速な改良によって、無限に簡単になった交通によって、すべての民族を、もっとも未開な諸民族をも、文明のなかへ引き入れる。かれらの商品の低廉な価格は重砲隊であり、これを打ち出せば万里の長城も破壊され、未開人の頑固きわまる異国人嫌いも降伏をよぎなくされるのである。かれらはすべての民族をして、もし滅亡を欲しないならば、ブルジョア階級の生産様式を採用せざるをえなくする。かれらのすべての民族に、いわゆる文明を自国に輸入することを、すなわちブルジョア階級になることを強制する。一言でいえば、ブルジョア階級は、かれら自身の姿に型どって世界を創造するのである。(K. Marx 1848＝1951: 43-45)

　ここに書かれてある「ブルジョア階級」を「多国籍企業」に置き換え、「未開な諸民族」を「発展途上国」に置き換えてみると、21世紀における多国籍企業の経営システムを表しているように読み取れます。19世紀後半の書物の中で、マルクスはグローバル経済の本質について言及していたのです。
　1997年、スポーツ関連商品を販売する多国籍企業のナイキ社（本社：アメリカ合衆国　オレゴン州）が製造委託している中国、インドネシア、ベトナムの下請工場で、強制労働、児童労働、低賃金労働、長時間労働、セクシュアルハラストメントなどの問題があることを、アメリカのメディアと多数のNGO団体が暴露しました。これはナイキ社だけに限らず、他の多国籍企業にも該当しますが、人件費の安い国に工場を建設し、現地の人びとを低賃金で雇い、モノを大量生産・大量販売することで利潤をあげる一方、利潤をさらに生み出しそうな国を絶え間なく追い求めていきます。本章では、マルクス理論を網羅するのではなく、疎外された労働（alienation of labor）だけを取り上げ、現代アメリカ社会の雇用形態について考察します。
　「疎外された労働」について説明する前に、マルクスの考える資本主義社会について考えてみましょう。資本主義社会とは、資本家たちが生産手段を独占しているために、一般労働者たちは自らの労働力を売ることでしか生命を維持することができない経済構造を指します。資本家たちはモノを製造する手段

（土地、材料、機材など）を所有していますが、それらを活用する十分な労働力はありません。そこでモノを製造する力のある労働者を雇い、労働者たちが生産したモノを世界各地で販売することで、資本家たちは利益を得ています。

　労働者らが自分たちの労働力を資本家に売る行為は、労働者の生命を維持する上での最低限必要な行為であり、労働者が人間らしく生きていく上での活動目的ではありません。この点に関して、マルクスは『賃労働と資本』（1935[1847]）の中で、資本主義体制下での「自由な労働者」の生活を「労働力の商品化」と表現することで、労働者らは奴隷や農奴ではないかもしれないが、本当に自由な身分ではない、ということを述べています。

　　農奴は土地に属し、そして地主に収益をもたらす。自由な労働者はこれに反し、自分自身を断片的に売る。彼は自分の生命の8時間・10時間・12時間・15時間を、日ごと毎日、最高値をつける人に、原料・労働用具および生活手段の所有者に、すなわち資本家に、せり売りする。労働者は所有者にも土地にも属しないが、しかし彼の日々の生命の8時間・12時間・15時間が、これを買う人に属する。労働者は、すきなとき何時でも、自分が雇われている資本家のもとを去り、また資本家は、もはや労働者から何の利益も得られないか予期の利益が得られないならば、都合しだいで何時でも、労働者を解雇する。だが、労働力の売却を唯一の生計の道とする労働者は、自分の生存を断念することなしには、全購買者階級すなわち資本家階級を見すてることはできない。彼は、あれこれの資本家には属しないが、しかし資本家階級には属する。そしてその際、自分を片づけること、すなわち、この資本家階級において1人の買手を見いだすことは、かれの仕事である。（K. Marx 1847＝1935: 38）

　このように資本主義社会では、一見労働者の意思によって資本家に労働力を提供しているように見えますが、実は労働力の真の所有者は資本家階級であり、労働者は自分の労働力を自分の意思で支配できない状況です。この状態から脱却できない理由は、実際に富を得ているのは資本家たちであるにもかかわ

らず、労働者たちは労働力を売ることで、自らも富を得ていると勘違いしているからです。これを「まちがった意識」と言います。

マルクスは、自身の著書の中で「まちがった意識」（英語では false consciousness）という言葉を記していませんが、あたかもマルクスが唱えた概念のように、現在では理解されています。実際は、エンゲルスが1893年7月14日にフランツ・ベーリング宛に送った手紙の中で使った言葉です。

> イデオロギーは、たしかに、いわゆる思想家によって意識的におこなわれる過程ですが、しかし、それはまちがった意識でおこなわれます。彼を動かす本来の推進力は、彼には知られていないままです。そうでないとすれば、それはまさにイデオロギー過程ではないでしょう。そこで、彼はまちがった、もしくは仮想的な推進力を推定します。それは一つの思考過程ですから、彼は、それの内容をも形式をも、彼自身か、あるいは彼の先行者たちからの純粋思考からみちびきだします。彼は、たんなる思考材料だけを運用し、この思考材料を、吟味もせず、思考によってつくりだされたものとして受け止め、普通は、それ以上すすんで、いっそう遠い、思考から独立した起源にまでさかのぼって研究することをしません。…こういうわけで、歴史的イデオローク（ここで歴史的というのは、政治的、法学的、哲学的、神学的、要するに、たんに自然に属するだけではなくて、社会に属するすべての分野を簡単にまとめて言ったものです）…どの学問分野においても、以前の諸世代の思考のなかから独自に形成され、これらの相つぐ世代の脳髄のなかで独自の、それ自身の発展系列をたどってできた素材をもっています。…国家制度や、法体系や、それぞれの特殊分野におけるイデオロギー的諸観念が独自の歴史をもっているかのようなこの外見こそ、大多数の人びとの目をなににもましてくらましているものなのです。(F. Engels 1893＝1975: 86-87)

この書簡の中で、「まちがった意識」とは思想家たちが事実を垣間みずに、自分たちの思考の中で作りあげた観念を指しています。現在の社会学では「大

多数の人びとの目をなににもましてくらましている」という箇所だけに着眼して、世間の人々の目をくらましているイデオロギーの1つとして解釈されています。

　もう一つの意識に「階級意識」という概念が、マルクスの著書の中でよく取り上げられます。マルクスは「階級意識」という概念は、社会を変革する上での原動力となると考えたのです。

　　最初は個々の労働者が、次には1つの工場の労働者が、その次にはある地域のある労働部門の労働者が、かれらを直接に搾取する個々のブルジョアに対して闘争する。かれらはその攻撃を、ブルジョア的生産諸関係に向けるばかりでなく、生産用具そのものにも向ける。かれらは、競争する外国商品を破壊し、機械を打ちこわし、工場を焼きはらい、中世的労働者の滅び去った地位を再び自分にとりもどそうと試みる。
　　この段階では、労働者は、全国に散在するところの、競争によって分裂している集団をなす。労働者のある程度多数の結集があっても、それはまだかれらの自身の団結の結果ではなく、ブルジョア階級の団結の結果である。というのは、ブルジョア階級は、自分自身の政治的目的を達成するために全プロレタリア階級を動かさねばならず、まだ当分はそれを動かすことができるからである。したがってこの段階では、プロレタリアはその敵とではなく、その敵の敵と、すなわち絶対王政の残滓、土地予習者、非工業的ブルジョア、小市民と闘う。だから、全歴史的運動は、集中されて、ブルジョア階級の手のなかになる。このようにして獲得される勝利は、いずれもみなブルジョア階級の勝利である。
　　だが工業の発展とともに、プロレタリア階級は数を増すばかりではない。プロレタリア階級はますます大きな集団に凝集され、彼らの力は増大し、またかれらはますます強くその力を感ずる。機械装置が次第に労働の差異を消滅させ、賃金をほとんどにおいても一様の低い水準にひきさげるので、プロレタリア階級の内部における利害、生活状態はますます平均化される。ブルジョア相互の競争の増大とそれから生ずる商業恐

慌とは、労働者の賃金をますます動揺するものとし、機械装置のますます急速に発展する絶えざる改良は、かれらの全生活的立場をますます不安定にし、個々の労働者と個々のブルジョアとのあいだの争いは、ますます多く、2つの階級間の争いの性格をおびる。こうして労働者は、ブルジョアに対抗する同盟を結びはじめる。彼らは、その労働賃金を維持するために集会する。かれらは、この不時の反抗のための準備をするために、みずから継続的な組合さえ作る。時には闘争は暴動となって爆発する。（K. Marx 1848=1951: 50-51）

このように、労働者たちが、資本主義体制が自然自発的に発生した経済構造ではなく、特定の階層が巨万の富を作ることができるように、人的に作られた経済システムであることに初めて気付くことで、プロレタリアとしての「階級意識」に目覚め、自らの手で社会を変革させようとする力を発揮するだろうと、マルクスは述べています。

資本家が労働力を掌握して利益を得る中、労働者の所有物ではなくなった労働力を「疎外された労働」と言います。マルクスは「国民経済」という用語をたびたび使用していますが、これは財産、労働と資本土地代との分離、労賃と資本利潤と地代との分離という概念を受け入れた経済状態（K. Marx 1844=1964: 84）を指します。国民経済学を動かしている原動力は所有欲、そして所有欲にかられた人たちが繰り広げる競争と闘いであると、マルクスは述べています（K. Marx 1844=1964: 85）。

　　労働者は、彼が富をより多く生産すればするほど、彼の生産の力と範囲とがより増大すればするほど、それだけますます貧しくなる。労働者は商品をより多くつくればつくるほど、それだけますます彼はより安価な商品となる。事物世界の価値増大にぴったり比例して、人間世界の価値低下がひどくなる。労働はたんに商品だけを生産するのではない。労働は自分自身と労働者とを商品として生産する。しかもそれらを、労働が一般に商品を生産するのと同じ関係のなかで生産するのである。

さらにこの事実は、労働が生産する対象、つまり労働の生産物が、ひとつの疎遠な存在として、生産者から独立した力として、労働に対立するということを表現するものにほかならない。労働の生産物は、対象のなかに固定化された、事物化された労働であり、労働の対象化である。労働の実現は労働の対象化である。国民経済的状態のなかでは、労働のこの実現が労働者の現実性剥奪として現れ、対象化が対象の喪失および対象への隷属として、［対象の］獲得が疎外として、外化として現れる。(K. Marx 1844=1964: 86-87)

「疎外された労働」とは、具体的に何を指すのでしょうか。これには、4つの特徴があげられます。

① 自分で生産したモノからの疎外
　労働者はモノを作ることで労賃を得ますが、生産したモノを販売することで生み出される利益を得られるのは資本家だけです。雇用主が、労働者の労働力に利用価値を見いださなければ、労働者は捨てられます。しかし労働者は、労賃を得なければ生計を営めないので、資本家たちの間を行き来して絶え間なくモノを生産していくしかありません。このように、雇用主の意思によって労働者の労働力は支配されているために、労働者は自分の労働力でありながら、自分の意思ではどうすることもできません。労働者たちは、自分たちで作ったモノでも、金銭を支払わなければ手に入れることができず、これを労働者が「自分で生産したモノから疎外される」と言います。

　　労働の実現は、労働者が餓死するにいたるまで現実性を剥奪されるほど、それほど激しい［労働者の］現実性剥奪として現れる。…労働そのものでさえ、労働者が最大の緊張と不規則きわまる休止とをもってでなければ、わがものとできない対象となる。対象の獲得は、労働者がより多くの対象を生産すればするほど、彼の占有できるものがますます少なくなり、そしてますます彼の生産物すなわち資本の支配下におちいって

いくほど、それほど激しい疎外として現れる。
　これらのすべての帰結は、労働者が自分の労働の生産物にたいして、ひとつの疎遠な対象にたいするようにふるまうという規定のうちに横たわっている。…労働者が骨身を削って働けば働くほど、彼が自分に対立して創造する疎遠な対象的世界がますます強大となり、彼自身が、つまり彼の内的世界がいよいよ貧しくなり、彼に帰属するものがますます少なくなる、ということである。…労働者は彼の生命を対象のなかへと注ぎこむ。しかし対象へと注ぎこまれた生命は、もはや彼のものではなく、対象のものである。…したがってこの生産物が大きくなればなるほど、労働者はますます自分自身を失っていく。労働者が生産物のなかで外化するということは、ただたんに彼の労働が一つの対象に、ある外的な現実的存在になるという意味ばかりでなく、また彼の労働が彼の外に、彼から独立して疎遠に現存し、しかも彼に相対する一つの自立的な力になるという意味を、そして彼が対象に付与した生命が、彼にたいして敵対的にそして疎遠に対立するという意味をもっているのである。(K. Marx 1844 = 1964: 87-88)

② 生産プロセスからの疎外

　労働者は、資本家の指示通りにしかモノを生産することができません。資本家たちは、生産するモノ、生産方法、納期などと、詳細にわたり生産プロセスを取り決める権限はありますが、労働者たちの考えは何も反映されません。これを「生産プロセスからの疎外」と言います。

　　労働の内部における生産行為にたいする労働者の関係。この関係は、労働者に属していない疎遠な活動としての彼自身の活動にたいする労働者の関係である。すなわち、[その活動は]苦悩としての活動であり、無力としての力であり、去勢としての生殖であり、労働者自身に反逆し彼から独立し彼に属していない活動としての、労働者自身の肉体的および精神的エネルギー、つまり彼の人格的生命である。(K. Marx 1844 = 1964: 93)

「生産プロセスからの疎外」とは、具体的にどのような過程を指すのでしょうか。マルクスは次のように考察しています。

　疎外は、たんに生産の結果においてだけではなく、生産の行為のうちにも、生産的活動そのものの内部においても現れる。かりに労働者が生産の行為そのものにおいて自分自身を疎外されないとしたら、どのようにして彼は自分の活動の生産物に疎遠に対立することができるだろうか。いうまでもなく、生産物はたんに活動の、生産の、要約にすぎない。したがって、労働の生産物が外化であるとすれば、生産そのものもまた活動的な外化、活動の外化、外化の活動でなければならない。労働の対象の疎外においては、ただ労働の活動そのものにおける疎外、外化が要約されているにすぎないのである。
　では、労働の外化は、実質的にはどこにあるのか。
　第1に、労働が労働者にとって外的であること、すなわち、労働が労働者の本質に属していないこと、そのため彼は自分の労働において肯定されないでかえって否定され、幸福と感ぜずにかえって不幸と感じ、自由な肉体的および精神的エネルギーがまったく発展させられずに、かえって肉体は消耗し、彼の精神は頹廃化する、ということにある。だから労働者は、労働の外部ではじめて自己のもとにあると感じ、そして労働のなかでは自己の外にあると感ずる。労働していないとき、彼は家庭にいるように安らぎ、労働しているとき、彼はそうした安らぎをもたない。だから彼の労働は、自発的なものではなく強いられたものであり、強制労働である。そのため労働は、ある欲求の満足ではなく、労働以外のところで諸欲求を満足させるための手段であるにすぎない。…外的な労働、人間がそのなかで自己を外化する労働は、自己犠牲の、自己を苦しめる労働である。最後に、労働者にとっての労働の外在性は、労働者が彼自身のものではなく他人のものであること、それが彼に属していないこと、彼が労働において自己自身にではなく他人に従属するということに現れる。…労働者の活動は、彼の自己活動ではないのである。労働者の

活動は他人に属しており、それは労働者自身の喪失である。(K. Marx 1844＝1964: 91-92)

③ 類的本質からの疎外

　類的本質とは普遍的な人間の本質を指します。人間は動物のように、何も考えずにただ生きているのではなく、自然環境に適応すべく、何らかの手段を人間は思いつき、そして生き抜くために必要なものを作りだす力があるとマルクスは述べています。しかし資本主義社会では、人間は動物のようにただ飲み食いをするために、資本家に労働力を売らねばならない状況にあり、人間が本来持っている創作意欲などを欠いてしまう状況です。これを「類的本質からの疎外」と言います。

　　　人間は一つの類的存在である。というのは、人間は実践的にも理論的にも、彼自身の類をも彼の対象にするからである。
　　　類生活は、人間においても動物においても、物質的にはまずなにより、人間が（動物と同様に）非有機的自然によって生活するということを内容とする。…植物、動物、岩石、空気、光などが、あるいは自然科学の諸対象として、あるいは芸術の諸対象として‐人間が享受し消化するためには…人間の精神的な非有機的自然、精神的な生活手段として‐理論上において人間的意識の一部分を形成するように、それらは実践上においてもまた、人間的生活や人間的活動の一部分を形成する。これらの自然生産物が、食料、燃料、衣服、住居などのいずれのかたちで現れるにせよ、とにかく人間は物質的にはこれらの自然生産物によってのみ生活する。…人間が自然によって生きるということは、すなわち、自然は、人間が死なないためには、それと不断の［交流］過程のなかにとどまらねばならないところの、人間の身体であるということなのである。…人間は自然の一部だからである。
　　　疎外された労働は人間から、①自然を疎外し、②自己自身を、人間特有の活動的機能を、人間の生命活動を、疎外することによって、それは

人間から類を疎外する。…人間にとって類生活を、個人生活の手段とならせるのである。

　人間にとって、労働、生命活動、生産的生活そのものが、たんに欲求を、肉体的生存を保持しようとする欲求を、みたすための手段としてのみ現れるからである。しかし［真実のところをいえば］、生産的生活は類生活である。それは生活をつくりだす生活である。生命活動の様式のうちには、一種属の全性格が、その類的性格が横たわっている。そして自由な意識的活動が、人間の類的生活である。ところが、この生活そのものが、もっぱら生活手段としてだけ現れるのである。(K. Marx 1844＝1964: 93-95)

　マルクスは、「疎外された労働」によって、人間の長所、つまり自由な創作意識が奪いさられ、生命を維持するために動く動物と変わらぬ状態に陥っている、と指摘しています。

　　動物はその生命活動から自分を区別しない。動物とは生命活動なのである。人間は自分の生命活動そのものを、自分の意欲や自分の意識の対象にする。彼は意識している生命活動をもっている。…まさにこのことによってのみ、人間は一つの類的存在なのである。
　　対象的世界の実践的な産出、非有機的な加工は、人間が意識している類的存在であることの確証である。
　　動物はただそれの属している種属の規準と欲求にしたがって形づくるだけであるが、人間はそれぞれの種属の規準にしたがって生産することを知っており、そしてどの場合にも、対象にその［対象］固有の規準をあてがうことを知っている。だから人間は、美の諸法則にしたがってもまた形づくるのである。
　　この生産が人間の制作活動的な類生活なのである。…労働の対象は、人間の類生活の対象化である。…人間は、彼によって創造された世界のなかで自己自身を直観するからである。…疎外された労働は、人間から

彼の生産対象を奪いとることによって、人間からの彼の類生活を、彼の現実的な類的対象性を奪いとり、そして動物にたいする人間の長所を、人間の非有機的身体すなわち自然が彼からとりさられるという短所へと変えてしまうのである。

　自己活動を、自由なる活動を、手段にまで引き下げることによって、人間の類生活を、彼の肉体的生存の手段にしてしまう。(K. Marx 1844＝1964: 95-97)

④　人間の人間からの疎外
　個々人が労働力を資本家に売ることで、労働者たちは必要最低限の生活を維持します。そのために、どうしても仕事中心の生活になり、他者との関係が希薄になります。労働現場では、業務能力に優劣をつけることで、労働者の間で競争させます。緊迫した環境を作ることで、労働者たち同士の交流は少なくなり、労働現場での個人化が進みます。これを「人間の人間からの疎外」と言います。

　　人間が彼の労働の生産物から、彼の生命活動から、彼の類的存在から、疎外されている、ということから生ずる直接の帰結の一つは、人間からの人間の疎外である。人間が自分自身と対立する場合、他の人間が彼と対立しているのである。人間が自分の労働にたいする、自分の労働の生産物にたいする、自分自身にたいする関係について妥当することは、人間が他の人間にたいする関係についても、人間が他の人間の労働および労働の対象にたいする関係についても妥当する。
　　一般に、人間の類的存在が人間から疎外されているという命題は、ある人間が他の人間から、またこれらの各人が人間的本質から疎外されているといことを、意味している。
　　人間の疎外、一般に人間が自分自身にたいしてもつ一切の関係は、人間が他の人間にたいしてもつ関係において、はじめて実現され、表現される。

したがって、疎外された労働という関係のなかでは、どの人間も、彼自身が労働者としておかれている尺度や関係にしたがって、他人を見るのである。(K. Marx 1844＝1964: 98)

さらに、マルクスは「工場労働力の女性化」(フェミナイゼーション・オブ・ファクトリーワーク)についても触れています。

手の労働に必要な熟練と力業が少なくなればなるほど、すなわち近代的工業が発展すればするほど、男子の労働は、ますます婦人（および少年）の労働のために押しのけられる。性や年齢の差異は、労働階級にとっては、もはや社会的重要さをもたない。あるのは労働用具だけ、年齢や性によってそれぞれ費用の異なる労働用具だけである。(K. Marx 1848＝1951: 49)

現代社会学でも「工場労働力の女性化」という概念は使われています。例えば、1970年代、ラテン・アメリカの経済発展と雇用促進のために、アメリカの民間企業がラテン・アメリカ諸国に工場を建設したところ、工場で雇用されたのは女性であり、男性ではありませんでした。これは、その地域における女性の地位が低いために、工場経営者たちは、労賃の安い女性たちを単純労働者として積極的に雇ったからです。仕事にあぶれた男性たちは、歴史的に繋がりの深いアメリカ合衆国へ出稼ぎ労働者として移住しました（サッセン 1988＝1992: 158-170）。つまり、先進国が発展途上国に外国投資をすることで、出稼ぎ労働者の数を減少させることができないのは、発展途上国の工場労働力が女性化することによって、男性の雇用機会が奪われるからです。

資本主義社会とは、資本家階級にとって望ましい経済構造なのでしょうか？実は、資本家たちの間でも競争を強いられるために、資本家にとっても決して楽な経済構造ではありません。

ブルジョア的生産ならびに交通諸関係、ブルジョア的所有諸関係、かくも巨大な生産手段や交通手段を魔法で呼び起こした近代的ブルジョア

社会は、自分が呼び出した地下の悪魔をもはや制御できなくなった魔法使いに似ている。数十年来、工業および商業の歴史は、まさしく、近代的生産諸関係に対する、ブルジョア階級とその支配の生存条件である所有諸関係に対する、近代的生産諸力の反逆の歴史である。ここは、かの商業恐慌をあげれば充分である。それは、周期的にくりかえし起こり、ますます脅迫的に全ブルジョア社会の存立をおびやかす。この商業恐慌では、作り出された生産物の大部分のみでなく、これまでに作られている生産諸力の大部分でさえ、くりかえし破壊される。この恐慌においては、以前のどんな時代にもとても起こりうるとは考えられないような社会的疫病 – 過剰生産という疫病が発生する。社会は突然、自分が一瞬のあいだ未開状態に逆もどりしたのを見いだす。飢饉、一般的な破壊戦争が、社会からすべての生活手段を奪い去ったように見える。工業も商業も破壊されたように見える。なぜか？社会があまりに多くの文明を、あまりに多くの生活手段を、あまりに多くの工業を、あまりに多くの商業を持っているからである。社会が自由にすることのできる生産諸力は、もはやブルジョア的文明およびブルジョア的所有関係の促進には役立たないのだ。（K. Marx 1848＝1951: 47）

　ブルジョア階級が作りだした経済システム「資本主義体制」は、もはや彼ら自身がコントロールできないほどになり、暴走し始めました。このことは、これまで築いてきた財産を経済恐慌によって失ってしまう、ブルジョア階級がいることから明らかです。そしてブルジョア階級は、経済恐慌を回避するために、新たな市場を開拓し、既存の市場で新たな事業を始めますが、これは次の経済恐慌への序章となります（K. Marx 1848＝1951: 48）。マルクスによると、もはや資本主義体制は、誰の手によってもコントロールできない「悪魔」に変化してしまったのです。
　このようにマルクスは、19世紀末の欧米で見られた経済状況を考察しました。彼の分析は、現代アメリカ社会にも当てはまるところが多々見受けられます。次は、マルクスの理論を用いて、アメリカの食肉処理場で働く移民労働者

たちについて考察してみましょう。

Sociological Application　食肉処理場で働く移民労働者たち

　食肉処理業とは、牛、豚、羊などの家畜を屠殺した後に食用に加工・包装し、卸業者や小売業者に販売する業務を指します。それに対して、食鳥処理業とは、ニワトリなどの家禽を食用に屠殺、加工、包装し卸売りする業務です。英語ではこれらの工程をまとめて「ミートパッキング（meat packing）」と言います。2012年初めに、アメリカでは「ピンクスライム（pink slime）」と呼ばれる「牛赤身肉のひき肉（lean finely textured beef; 略称 LFTB）」の安全性が問題になりました。ピンクスライムとは、ドッグフードや油に利用されるくず肉を、アンモニア水で防腐処理し、食用として加工した肉です。

　ピンクスライム問題の発端は、イギリスの料理研究家ジェイミー・オリバー（Jamie Oliver）氏が自身のウェブサイトで「アメリカの消費者たちはピンクスライムを、知らず知らずに食べている」と公表したことにあります。それに追い打ちをかけたのが、アメリカの TV メディアによるピンクスライムに関する報道です。ピンクスライムの含有量が15%以下の場合には、食品に表示する義務がないことを、アメリカのメディアが報道したことによって、アメリカの消費者たちの間で加工肉食品に対する不安感が高まりました。

　アメリカ農務省（US Department of Agriculture; 略称 USDA）は、ピンクスライムを食べること自体には、健康上何の問題はないとのパブリックコメントを発表しました。ところが、大手小売業者ウォルマートやサムズ・クラブ、大手外食チェーン店のマクドナルドやバーガーキングは、アメリカ消費者たちの反応を懸念し、LFTB 食品を取り扱わないことを決定しました。この決定は、大手食肉加工業社ビーフ・プロダクツ・インク（Beef Products, Inc.）に大打撃を与え、4つの食肉処理場のうち、3工場が閉鎖することとなりました（Greene 2012）。

　食肉処理場で生産される肉の安全性もさることながら、工場で働く人たちの

写真 1-1　シカゴ市の水夫とソーセージ詰め込み作業（1905 年）
出典：H.C. White Co. 1905. Making link sausages -- machines stuff 10 ft. per second, Swift & Co.'s Packing House, Chicago, U.S.A. Library of Congress.

劣悪な労働環境も問題視されました。食肉処理場の劣悪な労働環境は、20 世紀初頭においても、社会問題として取りあげられていました。その切っ掛けを作ったのが、アプトン・シンクレア（Upton Sinclair）の『ジャングル（The Jungle）』（2009[1906]）という小説です。この作品を執筆するために、1904 年にシンクレアは、社会主義者、隣保館職員、衛生指導員、食肉処理現場で働く従業員たちを対象に、ヒアリング調査を行いました。そして、労働者たちが置かれた劣悪な労働環境を鮮明に小説の中で描きました。

写真 1-1 は、アメリカのシカゴ市のスイフト社（Swift and Company）の食肉工場で、従業員がソーセージの肉詰め作業を行っていた様子を写しています。1905 年に撮影されました。スイフト社は、2007 年にブラジルに本拠を構える多国籍食品メーカーのジェイ・ビー・エス（JBS）に買収され、現在はジェイ・ビー・エス・ユー・エス・エー（JBS USA）と社名を変更をしてい

ます。

　写真 1-1 の題名には「機械は一秒に 10 フィートの生地肉を腸に詰め込む」と書かれています。従業員は、腸詰めされた生地肉を機械のペースに遅れることなく、一定の長さでねじる作業をしています。従業員の後ろには、蝶ネクタイをした現場監督者が、作業の工程を監視している様子が写っています。工場ラインのスピードを落とさないために、労働者が機械のように働いている光景は、マルクスが『賃労働と資本』（1935[1847]）で描写した内容を思い出させます。

　1906 年に出版された『ジャングル』（2009[1906]）は、1 年以内に 10 万部以上を売り上げるベストセラー小説となりました。この作品が発端となり、1906 年の純正食品と薬品法（Pure Food and Drug Act）と食肉検査法（Meat Inspection Act）が制定されました（Diedrick 2004）。1930 ～ 1940 年代にかけて、全米精肉労働組合（United Packinghouse Workers of America）は、家畜収容所や食肉処理施設で働く労働者たちの賃金向上と、労働環境改善のために努めました（Halpern 2004）。ところが 1980 年代以降、技術の発展により食肉を遠距離でも流通することが可能となりました。その結果、企業の大半は労働組合の活動が活発な都市部の工場を閉鎖し、労働組合活動が盛んでない田舎や地方に食肉処理場を移転しました。

　大企業は機械を導入し、作業の効率を上げて売り上げを伸ばす一方、中小・零細企業は、設備投資額に限界があるために倒産しました。1990 年代になると、食肉業界をアイオワ・ビーフ・プロダクツ社（Iowa Beef Products）、コンアグラ・フーズ社（ConAgra Foods, Inc.）、カーギル社（Cargill）の大手 3 社が占めました。大企業が台頭し始めたことに伴い、食肉処理場の従業員の賃金は下がりました。1976 年に時給 $17.41 であったのに対し、2006 年には時給 $11.47 になりました（PBS 2006）。

　2005 年 9 月 6 日付けのニューヨークタイムズ紙の記事では、現代版『ジャングル』（2009[1906]）さながらの労働環境で働く従業員の姿が描かれています。テネシー州（Tennessee）モリスタウン（Morristown）にあるコッホフーズ社の食鳥処理場では、現場監督者は処理ラインの効率が悪くなることを理由

に、作業員がトイレに行くことを禁止しました。食鳥処理には、懸鳥(健全な鶏だけの選出)、放血、湯漬け、脱毛、毛焼、中抜、冷却、本冷却、大ばらし、などの工程があり、一人でも現場から抜けると、製造ラインのペースが落ちてしまうからです。

トイレ設備に関してですが、アメリカ労働安全衛生局(Occupational Safety & Health Administration)は、従業員が必要と感じた時にいつでも用を足せるように、従業員数と男女比率に応じて、男女別の個室水洗トイレを設けることを、雇用主に義務づけています。これは「一般産業向け労働安全と衛生標準 29 CFR 1910.141(c)(1)(i)」で決められていますが、具体的な指標が示されていません。たとえば、従業員がどれくらいの頻度でトイレに行く必要があるかなど(例えば、3時間に1回など)が定められていません。これを理由に、雇用主がこの標準を守らないケースが増えました。そこで1998年に、アメリカ労働安全衛生局は、労働安全と衛生標準 29 CFR 1910.141(c)(1)(i)の解釈を公表し、この指針にそぐわない行為をとった雇用主に対して、監督処分を行うと定めました。

食肉処理場で働くメキシコ系女性移民によると、現場監督者は自分の安全ヘルメットを女性につきつけ、この中に用を足すようにと言ったそうです。作業員たちは、トイレ休憩に行けないので困り果て、全米食品商業労働組合(United Food and Commercial Workers; 略称はUFCW)に相談しました。UFCWとは、食品業界や小売業界で働く人びとが加盟している労働組合です。この組合は1979年に設立され、本部はワシントンにあります。この食鳥処理場で働く従業員の大半は不法就労外国人なので、組合組織を作ることには消極的でした。労働組合に参加することで、移民局に見つかることを恐れたからです。ところが、2005年9月9日にUFCW Local 1995支部が設立され、コッホフーズ社との間で労使交渉を行う場が提供されることになりました。

マルクスの理論を用いて考察してみましょう。作業員は食鳥処理を行っていますが、自分で処理した鶏肉を売って利益を得ることはできません。鶏肉を販売して利益を得るのはコッホフーズ社です。作業員は、自分で鶏肉を処理したにもかかわらず、処理作業で得た賃金で鶏肉を買わないと、鶏肉を手に入れる

ことができません。自分で生産したモノから疎外される側面が見られます。

　次に生産プロセスからの疎外も見られます。作業員は自分が担当する工程を決められた時間内に終えることを求められています。コッホフーズ社が製品の生産量や納期を決め、現場監督者はそのスケジュールに則り作業員に指示を出します。短時間で大量生産した方が効率的なので、現場監督者は作業員のトイレ休憩を禁止したのでしょう。つまり作業員は生産プロセスの意思決定には参加できず、労働力のみを提供しています。

　さらに類的本質からの疎外も見られます。食鳥場の作業員は、機械のように同じ作業を繰り返して行うだけです。人間が本来持っている創作意欲を刺激されることの少ない環境で働いています。それどころか、勤務中に必要があっても、トイレにいって用を足すこともできない労働環境です。排泄することは、人間の生理現象の一つなので、勤務中にトイレ休憩をとることは当然のように考えられますが、アメリカ労働安全衛生局に寄せられたパブリックコメントの中には、雇用主が、トイレ休憩に費やした時間分を給与から天引きするケースもあるとの報告があります。

　最後に、人間の人間からの疎外という側面について考えてみましょう。労働組合を組織化できたという点を考えますと、作業員たちの間での連携が上手く行われていたようにも捉えられます。容易いように考えられますが、食肉処理場で働く人たちの多くは不法就労外国人です。そのため、労働運動に参加することで、自分たちが不法に働いていることが世間の明るみにでてしまうことを恐れています。アメリカ国土安全保障省（U.S. Homeland Security）に通告されれば、母国に強制送還されます。メキシコ系移民の多くは、母国の家族の生活を支えるためにアメリカに出稼ぎに来ており、給与から一定額の金銭を家族に送っています。解雇されると送金できなくなるので、労働条件が悪くても、雇用主に対して文句は言いません。

　このような理由から労働組合側は、不法就労者たちに労働組合の必要性を認識させ、労働運動に参加させることは困難だと考えていました。ところが1990年代中頃から、移民労働者をターゲット層に絞った労働組合の代替組織（ワーカーズセンター、英語表記はWorkers' Center）が台頭し始めました。

28

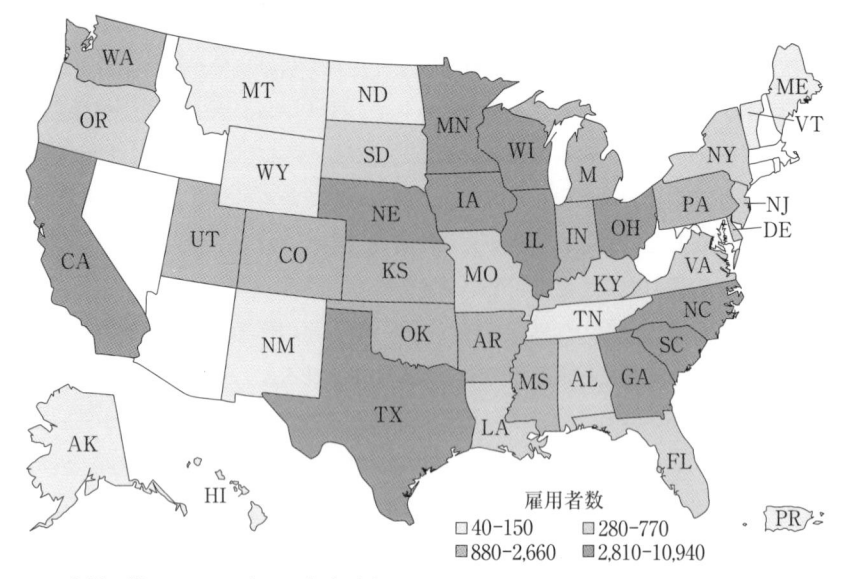

・白紙の州はデータがないことを示す。
・各州の略称の正式名は p147 の参考資料 2 を参照。

図 1-1　食肉処理産業における雇用者数（50 州別　2012 年 5 月）
出典：U.S. Bureau of Labor Statistics. 2013. "Occupational Employment Statistics."

2000 年頃には、全米レベルで労働運動を活発にするくらいの大きな組織となりました。テネシー州モリスタウンでは、全米食品商業労働組合以外にも「正義のある仕事　東テネシー支部（Jobs with Justice of East Tennessee）」というワーカーズセンターも移民労働者たちの組合を作ることに協力していました。

2013 年 3 月、アメリカ労働省労働統計局（U.S. Bureau of Labor Statistics）は、2012 年 5 月時点での食肉処理業の雇用者数を発表しました。図 1-1 は食肉処理産業で働く人たちの数を州別に表しています。雇用者数が多い上位 5 州は、ノースカロライナ州（時給 $11.42）、ミネソタ州（時給 $12.85）、テキサス州（時給 $11.09）、イリノイ州（時給 $14.82）、アイオワ州（時給 $11.99）でした。

最後に労働者の立場だけでなく、グローバル経済の中で置かれた企業の立

場についても考えてみましょう。2012年5月にコッホフーズ社傘下にあるジェー・シー・ジー・フーズ社（JCG Foods）は、ケーグルズ社（Cagle's Inc.）を買収しました。ケーグルズ社は1953年に設立され、養鶏、鶏肉の加工処理、卸販売を専門に取り扱ってきた会社ですが、2011年10月に、アメリカ連邦破産第11章（Chapter 11）の適用を申請しました。倒産理由については、トウモロコシとソラ豆の価格高騰、鶏肉卸売価格の低迷、ブロイラー業者の過剰供給などを挙げています（Adams 2013）。

今回コッホフーズ社は、ケーグルズ社を買収する立場でしたが、将来コッホフーズ社も買収される可能性はあります。市場競争に勝つためには、市場戦略を練る必要もありますが、作業現場の業務効率化と経費削減を強化することで、強い経営体制を確保しようとする傾向もあります。大資本家であったとしても、さらに利益を増やしたいという欲求、そして利益増大を続けなければ、自らが破綻してしまうのではないかという恐れとが表裏一体となり、効率よく永遠に稼ぐ組織体制を作り上げようとしているのです。

記述問題

(1) 疎外された労働には4つの類型があります。それぞれを具体例を取りあげながら定義付けなさい。

(2) マルクス理論に則り、労働者の間で階級意識が芽生えない理由を述べなさい。

(3) 日本の外国人労働者の間でも、アメリカのように労働運動が起こっているかを調べ、もし外国人労働者が主体となった労働運動があるのであれば、その事例を取りあげて類似点・相違点を述べなさい。もしなかったとすれば、なぜアメリカのように外国人労働者同士が団結しないのかを考察しなさい。

参考資料

カール・マルクス著, 長谷部文雄訳『賃労働と資本』岩波書店, 1935年.
マルクス, エンゲルス著, 大内兵衛, 向坂逸郎訳『共産党宣言』岩波書店, 1951年.
マルクス, エンゲルス著, 古在由重訳『ドイツ・イデオロギー』岩波書店, 1956年.
マルクス著, 城塚登, 田中吉六訳『経済学・哲学草稿』岩波書店, 1964年.
マルクス, エンゲルス著, 大内兵衛, 細川嘉六監訳『マルクス＝エンゲルス全集　第39巻』大月書店, 1975年.

サスキア・サッセン著,森田桐郎訳『労働と資本の国際移動 – 世界都市と移民労働者』岩波書店,1992年.

Greenhouse, Steven. 2005. "Union Organizers at Poultry Plants in South Find Newly Sympathetic Ears." *The New York Times*, September 6. Retrieved on May 20, 2013 (http://www.nytimes.com/2005/09/06/national/06labor.html?pagewanted=all&_r=0).

Greene, Joel. L. 2012. "Lean Finely Textured Beef: The "Pink Slime" Controversy." Congressional Research Service. Retrieved on May 20, 2013 (http://www.fas.org/sgp/crs/misc/R42473.pdf).

Diedrick, James. 2004. "The Jungle." *Encyclopedia of Chicago*. Retrieved on May 20, 2013 (http://www.encyclopedia.chicagohistory.org/pages/679.html).

Halpern, Rick. 2004. "Packinghouse Unions." *Encyclopedia of Chicago*. Retrieved on May 20, 2013 (http://www.encyclopedia.chicagohistory.org/pages/943.html).

PBS. 2006. "Meatpacking in the U.S: Still a Jungle Out There?" Retrieved on May 20, 2013 (http://www.pbs.org/now/shows/250/meat-packing.html).

U.S. Bureau of Labor Statistics. 2012. "Occupational Employment and Wages, May 2012." Retrieved on May 20, 2013 (http://www.bls.gov/oes/current/oes513023.htm#st).

Adams, Tony. 2013. "Update: Koch Foods to Increase Workforce at Former Cagle's Poultry-Processing Plant to 1, 450." *Ledger-Enquirer*, March 28. Retrieved on May 20, 2013 (http://www.ledger-enquirer.com/2013/03/28/2441939/koch-foods-to-increase-workforce.html).

第2章

E. デュルケーム − 個人と社会連帯

Sociological Concepts　機械的連帯と有機的連帯

　エミール・デュルケーム（Emile Durkheim 1858年4月15日-1917年11月15日）はフランスの社会学者です。『社会学的方法の基準』（1978[1895]）、『自殺論』（1985[1897]）、『宗教生活の原初形態』（1975[1912]）などを執筆しました。デュルケームは社会を単なる人びとの集まりと捉えず、個人を取り巻く環境、つまり社会関係（家族、友人、コミュニティ）や社会慣習（結婚、職業上の役割、教会）、政治信念、信条、世論、流行、感情などが互いに関連しあう集合体と考えました。社会構造を生物の体内組織と同じように捉え、各組織には役割と成すべき機能があり、社会にも生物に見られるような「健全な状態」と「病んでいる状態」があると考えたのです。『社会分業論』（1989（2010, 2012）[1893]）の冒頭には、デュルケームの考える社会学的方法論について述べられています。

　　われわれがこの用語を選択したのは、他のあらゆる用語が不正確でありあるいは不明瞭であるからである。われわれは目的とか対象とかという言葉を用いたり、分業の目的を語ることはできない。なぜならば、そうすることは、分業がわれわれの決定しようとしている「諸結果をめざして」存在していることを仮定することになるであろうからである。また、結果とか効果という言葉はなおさらわれわれを満足させえない。なぜな

ら、それは対応の観念をまったくよび起こさないからである。これに反して、「役割」とか「機能」とかいう言葉は、「この対応の観念をあらわすのに非常に好都合である」。しかもこの対応がどうして起こったか、またその対応が意図され予期された適応からまた事後の調節から生じているかどうかを知る問題についても何らの予断も許されないのである。…われわれにとって重要なことは、「この対応が存在しているかどうかを、そしてそれが何ものによって成立っているかを知ることである」。したがって、われわれにとっては、それが前もって予想されているかどうかとか、またはそれが究極において感づかれているかどうかを知ることはないのである。(E. Durkheim 1893＝1989(2012): 95-96)

　デュルケームは、社会における諸問題の背景にある因果関係を探ることよりも、社会を社会として機能させ、そして社会として成立させ得る関係について検証することに興味がありました。本章では、デュルケームの理論を網羅するのではなく、『社会分業論』(1989(2010, 2012)[1893])だけを取り上げ、現代アメリカ社会における個人と社会連帯について考えることにしましょう。
　デュルケームは『社会分業論』(1989(2010, 2012)[1893])の中で、個人の自立化と社会連帯が、いかにして両立しうるのかという疑問を投げかけています。近代以前の社会では、個々人の好き嫌いに関係なく、氏族や農村単位で人付き合いが行われており、個々人の考えや意思よりも、集団としての意識の方が重要視されていました。このような社会をデュルケームは、「環節的社会」と定義しました。氏族を環虫類（ミミズなど）の節々のように捉えたのです。環節的社会に見られる繋がりを「機械的連帯」と呼びました。

　　第1の連帯［機械的連帯］は、社会の全成員に共通な観念と傾向とが、各成員に個別的に属している観念と傾向とよりも強度において優越している程度においてのみ、強力でありうる。それは、この懸隔(ケンカク)が著しければ著しいほど強力である。…類似に由来する連帯［機械的連帯］は、集団意識がわれわれの総意識を正確に覆い、すべての点でこれとまったく

結合している時、その最高限に達している。だが、この時、われわれの個性は零である。個性は、共同性が個人の内に場所を占めることの少ない場合に、はじめて生起することができる。個性には、2つの相反する力が存在している。1つは求心力で、他は遠心力である。これら両者は同時に増大することはできない。人は、このように相反している方向に向かって同時に発展することはできない。人が孤独のうちで思考し活動することはできない。もし、理想が固有の私的な相貌を作ることにあるならば、それは決して万人に類似することではありえない。それだけではなく、類似による連帯がその力を行使する時には、人びとの人格は明らかに消滅するといってよいであろう。なぜなら、人びとはその時にはもはや自己自体ではなく集合的存在であるからである。(E. Durkheim 1893＝1989 (2012): 216-217)

集団意識が高まると、互いのことを考えて行動するので、個人意識が高い集団に比べると、結束力が高い集団になりそうです。しかしデュルケームは、機械的連帯とは人びとを結合するには弱い力であり、社会が高度に進化していくに従って弛緩する連帯であると述べました (E. Durkheim 1893＝1989 (2012): 251-252)。

社会が諸環節から形成されているかぎり、諸環節の一つの中に生ずる事象は、環節的組織が強力であればあるほど、他の諸環節に反響を与える機会はそれだけ少ないのである。単腔組織は、社会的事象の局部化とその結果に対して自然的に適合している。そういうわけで、腔腸動物の群体において、諸個体の一つが病気になっても、恐らく他の諸個体はこれを感ずることはないのである。けれども、諸器官の一体系によって形成されているとき、事態はもはや同一ではない。その際、諸器官は相互に依存しあっているのであるから、1つの器官を襲う事象はその他の諸器官にも及ぶのであって、一寸した変化でも全体の利害に係わるのである。(E. Durkheim 1893＝1989 (2012): 362)。

デュルケームの捉え方は、一見辻褄があわないように思えます。なぜなら、産業化が進んだ近代社会では、密接な人間関係を築きにくい環境になったと考えられるからです。産業社会の特徴の一つに、血縁や地縁に関係なく、個人単位での人付き合いが多くみられるようになったことが挙げられます。都市部に人口が集中するため、近代以前の社会では出会うことのなかった人たち同士で交流する機会が増えます。さまざまな家庭環境に育ち、異なった価値観や信条を持つ人びとが1カ所に集まるので、画一性よりも多様性が顕著に現れます。このような状況下では、個人の自由、他人への不干渉、匿名性の尊重という個々人の個別化が進行します。その結果、社会における人間関係が希薄化すると考えられます。

　しかしデュルケームは、近代社会においても、個々人を一つの集合体にまとめる構造があると考えました。それが労働分業です。まず、産業社会の特色として挙げられるのが、職業や労働の専門化です。例えば、工場労働を考えてみましょう。自動車生産工場では、1人の労働者が1台の自動車を製造するのではなく、プレス、溶接、塗装、エンジン鋳造、エンジン組立などの各工程に、労働者を配置して互いに連携させることで自動車は生産されます。

　労働分業の傾向は、経済領域のみならず、社会領域、政治領域、個人の生活領域にも見られます。子供の教育では、子供を立派な社会人に育てるために、家庭だけでなく、学校、学童保育所、お稽古場、地域コミュニティとさまざまな場所で社会教育が施されます。

　　より高級な社会類型に接近するほど国家の権限はよりいっそう多数になり多様になっている。最初は極めて単純であった司法機関でさえも、ますます分化してゆきつつある。種々さまざまな裁判所が設置され、種々の司法官職が任命され、それらのそれぞれの役割もそれらのもの相互の関係も確定されている。かつては散在していた多数の諸機能は、中心に向かって集中されている。少年教育の取締、公衆衛生の保護、公共扶助運用の管理、運輸交通路の管理等に対する配慮は、少しずつ中心器官の作用範囲にはいるようになっている。ついでに、この中心器官が発展し、

それと同時に、それは領土の全域にわたってますます緻密になり複雑になってゆく諸分岐（既存の地方的諸器官にとって代わるかあるいはそれらを同化してしまうところの）の網を漸次ひろげるのである。この中心器官が有機体の深みに起っているあらゆるものの流につながっていることは、統計によってとらえられて明らかにされている。国際関係に関する装置（わたくしはこれを外交といいたいが）自体は常にますます増大し有力になっていっている。大銀行のように、その大きさによって、そしてこれに連帯的な多数の諸機能によって公衆の利益になる諸制度が形成されるにしたがって、国家はこれらの諸制度に対して調節作用を行うのである。…軍事的装置でさえも、退化するどころか間断なく発展し集中化しつつあるようにみえるのである。(E. Durkheim 1893＝1989(2012): 359-360)

国家だけでなく、社会における各組織には、明確な役割分担が存在しますが、ある程度連携しないと上手く機能することができません。近代社会では、職業や労働が細分化されることで、他者との連携が不可欠となりました。一人では何もできないからです。その結果、互いを疎外するのではなく、相互依存度が高まり、近代以前の社会に比べると、蜘蛛の編み目のように複雑で密接な社会関係が築かれるようになったのです。

　あらゆる有機体は、それぞれが掠奪本能をもつかもたないかにかかわりなく、それが複雑になればなるほどますます多数の関係を結ぶようになる環境の中に生存しているのである。それゆえに、もし社会がよりいっそう平和的になるに従って敵対関係が減少していくものとすると、その敵対関係は他の関係によって代えられる。産業的諸民族は、たといどれほど好戦的であるにしても、未開士族が相互に維持している相互関係とは異なった方向に発展する相互関係をもっている。…ここで語っているのは、個人対個人との間に直接設定されている関係についてではなく、諸社会体相互を結合させている関係についてである。各社会は、武力によるもの

を除いて、少なくとも交渉や同盟や条約の手段によって他の社会に対して自らを防衛すべき一般的な利害をもっているのである。（E. Durkheim 1893＝1989(2012): 364-365）

19世紀末から、イギリスを筆頭に欧米列強は、アジア・アフリカ地域において植民地支配を繰り広げてきました。侵略戦争を押し進めることで切り開いた新しい「社会関係」だけでなく、海外にモノを輸出することで構築された新たな「社会関係」、海外需要に伴い国家内部においても、大工場で大量生産するという新たな生産プロセスが浸透することで、農村社会時代とは異なる新たな「社会関係」「人間関係」が作りだされました。

デュルケームの問題提起は、マルクスの資本主義体制社会に対する批判と似通っています。しかし、マルクスが経済的な側面に焦点をあてたことに対して、デュルケームはあくまでも社会を生物学的に捉えようとしているので、彼の主張にはマルクスのような強いメッセージ性は感じられません。「産業革命が社会に及ぼした影響」という同じ題材を取りあげていますが、異なった切り口で分析しています。

デュルケームは、社会全体を身体、そして身体の中枢である脳を、社会の支配機関である国家、他の臓器を社会の中のあらゆる組織体と考え、国家が社会内部の組織の統制を図る上で重要な立場を担っていることを指摘しています。

脳が外部的関係の処理にしか当たらないということも本当ではない。脳は諸機関の状態を全然内的手段によって往々変ずることができるように思われるだけでなく、それが外界に働きかける時でさえも、この作用を行うのは内界においてである。…脳の強制する諸規律のいずれか一つに従わないような組織はほとんど存在しないのである。脳がこのようにして支配している領域は、動物が高級な類型に属するものであればあるほど、広くそして深いのである。脳の真の役割が外界との関係を処理することだけではなく、生活の全体を処理することであるからである。それゆえに、この機能は、生活そのものがより豊富であり集中的であれば

あるほど、複雑である。社会についても、同じことがいえる。支配器官の大小を決定しているものは、民族が平和的であるか否かということではない。この支配器官は、むしろ、分業の進歩の結果として相互により緊密に連帯しあうようになり、より多くの相異なる諸器官を社会が包含するようになるにしたがって増大するのである。(E. Durkheim 1893＝1989 (2012): 365-366)

　デュルケームは、労働分業を伴う複雑な構造をした近代社会には、近代以前の社会のように、民族単位で結束する単純構造ではないと考えました。近代社会では、例え敵対関係であったとしても、何らかの形で関係性があると考えられるので、民族・国家同士が平和か否かということは、社会連帯を分析する上では重要ではないと捉えたのです。そして、有機的連帯を次のように定義しました。

　　分業が招来する連帯は［有機的連帯］、…ただ各個人が自己の固有な活動範囲を、したがって、固有の人格を、もってはじめて可能となる。それゆえに、集合意識が規制しえない専門的諸機能がそこに確立されうるためには、集合意識が個人意識の一部を開放したまま残しておくことが必要である。そして、この保留部分が大きければ大きいほど、この連帯から結果する結合力は強力である。じっさい、一方において、各個人は労働が分割されればされるほど社会にますます密接に従属するが、他方、各個人の活動は専門化されればされるほどますます個人的となる。もちろん、この活動がどのように局限されるものであってもそれは少しも独創的なものではない。われわれは、その職業上の活動においてさえもその属しているあらゆる団体に共通な慣習や慣行に同調しているのである。だが、この場合でも、われわれが受けている束縛は、社会全体がわれわれの上にその圧力を加えるときよりは軽いのであって、それはわれわれの自発性から生ずる自由行動に、より多くの余地を残している。それゆえに、この際、全体の個性は部分の個性と同時に増大する。社会は、そ

の各要素が固有の活動をより多くもつようになればなるほど、同時に全体的にますます活動することができるようになるのである。…このような類推から、分業に由来する連帯を、われわれは、有機的とよぼうと思うのである。(E. Durkheim 1893＝1989(2012): 218-219)

　しかし有機的な社会では、個々人が独立しているので、他人に裏切られる可能性があります。何らかの規律、例えば道徳的秩序などで互いの行動を律する必要が生じます。つまり、労働分業は個人の自立化や個別化を促進させているように見えますが、分業の性質上、社会での相互依存度が増します。そして相互依存を成立させ、社会として機能させるためには、個々人を１つにまとめる道徳的秩序が生まれます。

　　原状回復的法律が非常に発達している場合には、各職業のそれぞれについては職業道徳が存在している。労働者たちの同一集団の内部には、この限られた集合体の全域にわたって散在し、しかも法律的制裁をそなえてはないが遵奉される世論が存在している。同じ等級の公務員たちにも共通な風習と慣習とが存在していて、彼らの中にこれらの風習と慣習とを犯す者があれば、この団体の非難を必ず招くのである。
　　社会が最も完全に分業に立脚している場合でさえ…社会の構成員は、単に交換が行われている極めて短い瞬間を超えてずっと広範囲にひろがっている諸連鎖によって団結している。彼らが遂行している諸機能は、それぞれ不断に他の機能に依存しており、それらと共に一つの連帯の体系を形成している。したがって、選択された仕事の性質から、恒久的な義務が生じてくるのである。われわれは、自分勝手に逃避することのできない責務の網の目中にとらえられているのである。殊に、われわれの従属状態を常に増大させてゆく一器官が存在している。それは、国家である。われわれがこの器官、すなわち国家と接触している諸点は、この器官が人びとに共通の連帯感を想起させることを任務としている諸期会の増加と相俟って、増加している。(E. Durkheim 1893＝1989(2012):

367-368)

　デュルケームは、社会における人びとの関係が機械的連帯から有機的連帯へと移行し、いずれ機械的連帯が消滅するとは述べていません。社会には機械的連帯と有機的連帯の双方が含まれており、19世紀末の社会においては、有機的連帯の方が優勢の立場であると述べています（E. Durkheim 1893＝1989 (2012): 215-217）。

　また、社会連帯を創出することのない労働分業の異常形態についても、デュルケームは考察しました。その一つが「無規制的分業」です。本来、労働分業とは職業の細分化や労働の専門化が生じるにつれ、個々人が各々の役割だけに従事しつつも、互いに連携し合うことで社会が1つとしてまとまる状態を指します。しかし実際には、自分の役割分担が決まったがゆえに、他人に対して無関心になり、自分のことだけに専念して、他人とは協力しない傾向が見られます。互いの接触が少なくなると、情報交換がされないので、事態は思わぬ方向へと行く場合があります。交換が成立するには、ある一定の規定があることが前提です。しかし、交換が成立しないということは、秩序そのものが存在しない可能性があります。

　　組織的類型が発展するに従って、種々の環節相互の融合はほとんど社会全体を包容しつくすほど諸市場を単一市場へと融合させるようになる。この単一の市場はこれ以上にさえ拡大し、普遍的となる傾向がある。なぜなら、諸民族を引き離している諸境界は、各民族の諸環節をそれぞれ引き離している諸境界と同時に、低くなるからである。このことから、各産業が、一国のあるいは時には全世界の全表面に散在している消費者たちのために、生産するということが生ずる。それゆえ、この時には、接触はもはや充分ではない。生産者の場合は、もはや市場を眼によって展望することも思考によって抱懐することさえもできない。その場合、市場はいわば無際限であるから、生産者はもはや市場の限界を心に描くことはできない。したがって、生産は抑制と規制とを欠く。生産は行き当

たりばったりに模索することしかできない。そして、この暗中模索の過程において、生産量があちらこちらの方向で過剰になることは不可避である。このようにして、そこから周期的に経済的諸機能を混乱におとしいれる恐慌が生ずる。破産という局部的なそして狭く限られた恐慌の増加も恐らく同一原因であろう。(E. Durkheim 1893＝1989(2010): 220)

　デュルケームは、経済恐慌とは、それぞれの組織や集団との間での規律が発揮されていないために生じた、社会の異常形態であると述べました。この状態から脱するには、有機的連帯が正常に機能できる社会にすればよいと考えました。
　ところが、規律による強制力によって社会に問題が生じる場合もあります。デュルケームは、真の強制力とは社会的弱者が闘争を起こす余地もないほどに外圧がかけられた状態と定義しました。そして、このような社会の異常形態を「拘束的分業」と呼びました。

　　拘束的分業は、われわれの知っている第2の病的類型である。だが、言葉の意味を間違えてはならない。あらゆる種類の規制が拘束を与えるわけではない。…分業は規制なくしては立ちゆかないからである。諸機能があらかじめ設定された諸規則に従って配分される時でさえ、この配分は必ずしも拘束の結果ではない。…拘束がもはや事物の真の性質に対応せず、したがって、もはや習俗に根ざすことなく、もっぱら力によって維持される時にのみ、始まる。
　　分業は、ただそれが自発的であってはじめて、そして自発的であるかぎりにおいてのみ、連帯を生むものであるといえよう。…自発性は、諸個人が強制的に一定の機能にくぎづけされないことばかりでなく、また何らかの性質のいかなる障害も、諸個人がその能力に関連する地位を社会的枠組のなかで占めることを妨げないことを、前提としている。つまり、労働は、社会的不平等が自然的不平等を正確に表すように社会が構成されてはじめて、自生的に分割される。しかし、このためには、自然

的不平等が何らかの外的要因によって高められたり低められたり、されないことが必要であり、またそれで充分である。それゆえに、完全な自発性とは、闘争の外的条件の絶対的不平等という別の事実の一つの結果、そして、一つの別な形態にすぎないのである。自発性は、人びとのよきまたはあしきの凡ての性向を自由に満足させる無政府状態にあるのではなく、各社会的価値がこれと無関係などのようなものによってもそれぞれの片寄った方向において過大評価されたり過小評価されたりするようなすぐれた組織のうちに、存在するのである。これらの条件においてさえ、勝者と敗者とによる闘争がやはり存在するし、敗者はその敗北をただ拘束されたものとしてしか受取らないだろうと、反駁されるかもしれない。だが、この拘束は、いま一つのものと名称は同じでも全然似ていないものである。すなわち、本来の拘束を構成するものは、闘争さえも不可能であり、争うことさえ許容しないものである。(E. Durkheim 1893＝1989(2010): 230-231)

デュルケームによれば、拘束的分業とは社会機能と個々人の持って生まれた才能とのズレによって生じた異常形態であって、労働分業そのものが問題ではありません。

　労働が分割される様式を決定する唯一の原因は能力の多様性である。それゆえ、労働の配分は事物の力によって能力本意に行われる。なぜなら、これ以外のことが行われる理由はないからである。このようにして、各個人の構造とその条件との調和はおのずから実現する。この調和は必ずしも人びとを満足させるほど充分でなく、その願望が常に能力を超えているような人びともいるといわれよう。たしかにそうである。だが、それは例外的な場合であって、そしておそらく病的な場合であるといえよう。(E. Durkheim 1893＝1989(2010): 229)

個々人が、自発的に自分の能力に応じて、分業へと進む場合はよいのです

が、自分の意思とは関係なくせざるを得ない場合があります。例えば、自分の意向にかかわらず、代々受け継がれる仕事もあります。誰も自ら好んで奴隷になろうとは思いません。個々人に割り当てられた職種の中には、自分の能力や趣向に合わないものもあるかもしれません。それでも、身分制度が1つの社会で受け入れられているという事実は、その身分、または職種が自分にとって妥当であると認識し、その事実を受け入れることも必要である、とデュルケームは述べました。

　カスト制度［カースト制度］の下でさえも、この制度が、社会の本性に基づいている限りにおいて、起こるのである。この制度は…恣意的なものではない。だが、この制度がある社会において、規則正しく抵抗を受けることなく機能する時には、それは、職業的諸素質が配分される不動の方式を、少くとも大体において、表明しているのである。それゆえにこそ、たとえ諸定職がある程度に法律によって配分されているにしても、各器官は自発的に自己の定職を果すのである。(E. Durkheim 1893＝1989(2010)：230)

デュルケームは規制だけでなく、自由についても言及しています。一見、自由とは既存の規則、規律、拘束から人間が解き放たれることを指すように考えられます。ところがデュルケームは、自由は規制の産物であると考えました。

　だが、あらゆる規制作用が拘束の産物であるということが誤っているという点以外でも「自由そのものは規制の産物」であることがわかっている。…自由は、自然状態に固有な属性であるどころかむしろ、逆に自由は、自然にたいする社会の征服である。人間たちは、その体力において自然的に不平等である。人びとは、有利さを異にする不平等な外的諸条件のうちに置かれている。家族的生活そのものは、それが含む財産の世襲とそこからでてくる不平等と共に、社会生活の凡ての形態の中で自然的諸原因に最も緊密に依存している形態である。そして、これらの凡て

の不平等が自由の否定そのものである…自由を構成するものは、社会的諸力への、外的諸力への従属である。なぜなら、社会的諸力が自由に発展しうるのは唯(ただ)この条件においてのみであるからである。ところで、この従属はむしろ自然的秩序の顛倒(てんとう)である。それゆえに、自由は、人間が、物を支配するために物からその偶然的不合理的無道徳的特性をとり去るために、物の上に自らを高めるに従って、すなわち、彼が社会的存在となる程度において、漸次的に実現されうるにすぎない。なぜかというと、人間が別の世界を創造して、そこから自然を支配するようになってはじめて、人間は自然から脱却しうるからである。その別世界こそは社会なのである。(E. Durkheim 1893＝1989(2010): 244)

　最後に、資本主義体制が人間の社会生活に及ぼす悪影響について、デュルケームが言及している箇所を抜粋します。デュルケームは、資本主義体制の社会で見られる不公正に気付いており、是正しなければならないとうい問題意識はありました。しかし、社会を生物学的見地から捉えることにこだわりすぎているために、マルクスとは異なる考察をしています。

　　市場が拡大するに従って大工業が出現する。ところで、大工業は雇用主と労働者との諸関係を変革するという結果をもたらす。大集結の伝染力に伴う神経系統の疲労の増大は、労働者の諸欲求を増す。機械的労働が人間の労働に代わり、マニュファクチュアの労働が小工場(アトリエ)の労働にとって代わる。労働者は軍隊式に編成され、終日その家族から引き離される。労働者は彼の雇用主とは常にいっそう離れて生活することになるなどがおこる。産業的生活のこれらの新しい条件は、自然に新しい組織を求める。だが、これらの諸変革はいたって急速に完成されているので、闘争しあっている諸利害は、まだ均衡する時をもつに至っていないのである。(E. Durkheim 1893＝1989(2010): 220-221)

　この状態を是正するために、デュルケームが考えたのは、労働者に主体性を

持たせることです。

　　救済策として、労働者たちにその技術的ならびに専門的知識の外に一般的教養を与えることが往々提案されている。だが、分業を原因とする悪結果のいくらかが、このようにして償われうると仮定しても、それは悪結果を予防する手段ではない。…労働者が芸術や文学等々の事柄に興味をもてる状態にあることはよいことである。だが、それでもなお、彼が終日機械のように取扱われることが悪いことには変わりはない。
　　分業が必要と考えるものは、労働者がその仕事にかじりついていることではまったくなく、その協同者たちを見失わず相互にそれぞれの活動を与えたり受けたりすることである。それゆえ、その場合には、労働者は方向も知らない諸運動を反復する機械ではない。だが、彼は多少とも明瞭に理解している目的に向かって、いずれかの方面に進んでいることを、知っているのである。彼は、自分が何物かに役立っていることを感じている。そのためには、彼が社会的境界の甚だ広大な部分を見晴していることは必要ではない。彼の活動が、それ自身の外に、一個の目的をもっていることを理解しうるにたるだけの視界の部分を、認めていれば充分である。そうなれば、彼の活動が、どれほど専門的でありどれほど一律的であろうとも、それは知的存在の活動なのである。(E. Durkheim 1893＝1989(2010): 223-224)

　マルクスが、労働者たちの間に仲間としての階級意識を目覚めさせ、労働者らが団結して既存体制を覆す原動力となるように鼓舞しようとする主張に比べると、デュルケームの主張は、あくまで社会の異常形態を正常に戻すことに焦点をあてています。このように、同じ事象であったとしても、研究者の問題意識の違いによって、考察結果が異なることがあります。
　デュルケームの理論のすべてが、現代社会に当てはまるわけではありませんが、該当する部分も見られます。現代アメリカ社会を社会連帯という観点から考察してみましょう。

Sociological Application　全米で人口移動率が最も低い町

　アメリカでは、国内における人口移動率は非常に高く、故郷で一生を終えるアメリカ人はあまり多くないと言われています。これは個人の権利と自由が尊重される社会なので、血縁や地縁にとらわれず個人レベルでの付き合いを重要視するからだと考えられますが、はたしてそうなのでしょうか？

　まず、2010年のアメリカン・コミュニティ・サーベィ（American Community Survey）の調査結果を見てみると、地域によって人口移動率が異なることがわかります。全米で最も定住率が高い州はルイジアナ（LA）です。78.8%の州民が地元で生まれ育った人たちです。そして、ミシガン州（MI 76.6%）、オハイオ州（OH 75.1%）、ペンシルバニア州（PA 74%）と五大湖周辺の州では、定住率が高いです。表2-1「アメリカ人が出生地にとどまる割合（2010年）」を見てみましょう。中西部と南部では、自分の出生地にとどまる割合が高いことが示されています。

　もちろん年齢別の違いも見られます。人間の一生を考えてみると、通常大学進学や就職を機に故郷から離れ、そして定年退職後に故郷に戻ってくるパターンが多いです。ところが、この傾向には地域差が見られます。表2-2「アメリカ人が出生地にとどまる割合（年齢・地域別　2010年）」を見てみましょう。中西部生まれの人たちは、どの世代においても出生地にとどまる人たちが多いです。年齢別に見てみますと、18～24歳の定着率は71.1%（全米平均 63.7%）、25～44歳では65%（全米平均　50.5%）、45～54歳では66.2%（全米平均　50.1%）、55～64歳では64.9%（全米平均49.7%）、65～74歳では62.6%（全米平均　47.2%）、75歳以上では65%（全米平均　49.4%）です。

　2002年9月30日付けのニューヨークタイムズ紙の記事では、アメリカ南部のルイジアナ州セント・ジェームス郡バシェリー町（Vacherie）が、全米で最も住民の定着率が高い町として紹介されました。住民の中には、1820年にフランスからバシェリー町に移住してから一度も引っ越ししたことのない一家もいました。2002年の時点でも、親戚のほぼ全員がバシェリー町で生活して

表 2-1　アメリカ人が出生地にとどまる割合（2010 年）

2010 年 時点での居住地	総人口	アメリカ国内生まれの人 居住州内で出生 パーセント	許容誤差 (±)[1]	居住州外で出生 パーセント	許容誤差 (±)[1]	プエルトリコ、アメリカ領諸島、アメリカ国外でアメリカ国籍の両親から生まれた人 パーセント	許容誤差 (±)[1]	外国生まれの人 パーセント	許容誤差 (±)[1]
アメリカ合衆国…	309,349,689	58.8	0.1	27.0	0.1	1.4	0.1	12.9	0.1
地域									
北東部…………	55,361,036	62.9	0.1	19.3	0.1	2.2	0.1	15.6	0.1
中西部…………	66,975,848	70.2	0.1	22.4	0.1	0.7	0.1	6.7	0.1
南部……………	114,865,724	56.0	0.1	31.5	0.1	1.4	0.1	11.1	0.1
西部……………	72,147,081	49.3	0.1	29.9	0.1	1.3	0.1	19.6	0.1
州（略号）									
アラバマ（AL）……	4,785,298	70.0	0.4	25.8	0.4	0.7	0.1	3.5	0.1
アラスカ（AK）……	713,985	39.0	0.9	51.9	1.0	2.2	0.3	6.9	0.5
アリゾナ（AL）……	6,413,737	37.7	0.4	47.8	0.4	1.2	0.1	13.4	0.3
アーカンソー（AR）..	2,921,606	61.3	0.5	33.5	0.5	0.6	0.1	4.5	0.2
カリフォルニア（CA）	37,349,363	53.8	0.2	17.8	0.1	1.2	0.1	27.2	0.2
コロラド（CO）……	5,049,071	42.5	0.4	46.2	0.4	1.4	0.1	9.8	0.2
コネチカット（CT）…	3,577,073	55.1	0.5	27.7	0.5	3.6	0.2	13.6	0.4
デラウェア（DE）…	899,769	45.3	1.0	45.2	1.1	1.6	0.3	8.0	0.4
ワシントン D.C.（D.C.）	604,453	37.3	0.9	47.4	1.1	1.8	0.3	13.5	0.7
フロリダ（FL）……	18,843,326	35.2	0.2	42.3	0.2	3.1	0.1	19.4	0.2
ジョージア（GA）…	9,712,587	55.2	0.3	33.9	0.3	1.2	0.1	9.7	0.2
ハワイ（HI）……	1,363,621	55.0	1.0	23.9	0.5	2.9	0.3	18.2	1.0
アイダホ（ID）……	1,571,450	46.9	0.8	46.6	0.7	1.0	0.1	5.5	0.3
イリノイ（IL）……	12,843,166	67.1	0.3	18.2	0.2	1.0	0.1	13.7	0.2
インディアナ（IN）..	6,490,621	68.3	0.4	26.5	0.4	0.6	0.1	4.6	0.1
アイオワ（IA）……	3,049,883	71.7	0.4	23.3	0.4	0.5	0.1	4.6	0.2
カンザス（KS）……	2,859,169	58.2	0.6	34.4	0.6	0.8	0.1	6.5	0.3
ケンタッキー（KY）..	4,346,266	70.3	0.5	25.9	0.4	0.6	0.1	3.2	0.1
ルイジアナ（LA）…	4,544,228	78.8	0.4	16.8	0.4	0.6	0.1	3.8	0.1
メイン（ME）……	1,327,567	64.0	0.7	31.6	0.6	1.0	0.1	3.4	0.2
メリーランド（MD）..	5,785,982	47.6	0.4	37.2	0.4	1.3	0.1	13.9	0.3
マサチューセッツ（MA）	6,557,254	63.1	0.4	19.5	0.3	2.4	0.1	15.0	0.3
ミシガン（MI）……	9,877,574	76.6	0.2	16.9	0.2	0.6	0.1	6.0	0.1
ミネソタ（MN）……	5,310,584	68.8	0.3	23.4	0.3	0.7	0.1	7.1	0.2
ミシシッピー（MS）..	2,970,036	71.9	0.5	25.6	0.5	0.4	0.1	2.1	0.2
ミズーリ（MO）……	5,996,231	65.9	0.4	29.6	0.4	0.6	0.1	3.9	0.2
モンタナ（MT）……	990,898	54.1	0.9	43.2	0.9	0.8	0.1	2.0	0.3
ネブラスカ（NE）…	1,830,429	65.6	0.6	27.6	0.6	0.7	0.1	6.1	0.3

第2章　E.デュルケーム－個人と社会連帯　47

| 2010年　時点での居住地 | 総人口 | アメリカ国内生まれの人 |||| プエルトリコ、アメリカ領諸島、アメリカ国外でアメリカ国籍の両親から生まれた人 || 外国生まれの人 ||
| | | 居住州内で出生 || 居住州外で出生 || | | | |
		パーセント	許容誤差(±)[1]	パーセント	許容誤差(±)[1]	パーセント	許容誤差(±)[1]	パーセント	許容誤差(±)[1]
ネバダ（NV）	2,704,642	24.3	0.5	55.2	0.5	1.7	0.2	18.8	0.4
ニューハンプシャー（NH）	1,316,759	42.7	0.8	51.0	0.8	1.0	0.2	5.3	0.3
ニュージャージー（NJ）	8,801,624	52.4	0.3	24.2	0.2	2.4	0.1	21.0	0.2
ニューメキシコ（NM）	2,065,932	51.7	0.7	37.3	0.7	1.1	0.1	9.9	0.5
ニューヨーク（NY）	19,392,283	63.6	0.2	11.8	0.1	2.4	0.1	22.2	0.2
ノース・カロライナ（NC）	9,561,558	58.5	0.4	33.0	0.4	1.0	0.1	7.5	0.2
ノース・ダコタ（ND）	674,499	68.6	0.9	28.3	0.9	0.6	0.1	2.5	0.3
オハイオ（OH）	11,536,182	75.1	0.2	20.1	0.2	0.7	0.1	4.1	0.1
オクラホマ（OK）	3,761,702	60.8	0.5	32.8	0.5	0.9	0.1	5.5	0.2
オレゴン（OR）	3,838,957	45.5	0.4	43.7	0.4	1.0	0.1	9.8	0.3
ペンシルヴァニア（PA）	12,709,630	74.0	0.2	18.7	0.2	1.5	0.1	5.8	0.1
ロードアイランド（RI）	1,052,886	59.3	0.9	25.9	0.9	2.1	0.4	12.8	0.5
サウス・カロライナ（SC）	4,636,312	58.6	0.4	35.6	0.4	1.1	0.1	4.7	0.2
サウス・ダコタ（SD）	816,463	65.1	0.8	31.5	0.8	0.7	0.1	2.7	0.3
テネシー（TN）	6,356,897	61.0	0.4	33.6	0.4	0.8	0.1	4.5	0.2
テキサス（TX）	25,257,114	60.5	0.2	21.9	0.2	1.2	0.1	16.4	0.2
ユタ（UT）	2,776,469	62.3	0.5	28.6	0.4	1.1	0.1	8.0	0.3
バーモント（VT）	625,960	51.1	1.1	43.5	1.1	1.0	0.1	4.4	0.4
バージニア（VA）	8,024,617	49.9	0.3	37.1	0.3	1.7	0.1	11.4	0.2
ワシントン（WA）	6,744,496	46.9	0.3	38.3	0.4	1.7	0.1	13.1	0.2
ウェスト・バージニア（WV）	1,853,973	71.1	0.7	27.3	0.6	0.4	0.1	1.2	0.1
ウィスコンシン（WI）	5,691,047	72.1	0.3	22.7	0.3	0.7	0.1	4.5	0.1
ワイオミング（WY）	564,460	41.5	1.3	54.9	1.2	0.8	0.2	2.8	0.4
プエルトリコ[2]（P.R.）	3,722,133	91.8	0.3	5.1	0.2	0.3	0.1	2.8	0.2

1. データは標本に基づいたもの。抽出された標本によって数値が変動する場合がある。許容誤差とは、推定値の変動範囲を示す。推定値に対して、許容誤差が大きければ大きいほど、推定値は信頼できない。許容誤差を推定値に足し・引きすることで、信頼区間90％を求めることができる。
2. プエルトリコのデータの読み方は他の州とは違うので注意：(1) 居住州内で出生→プエルトリコで出生 (2) 居住州外で出生→アメリカ国内生まれの人 (3) プエルトリコ、アメリカ領諸島、アメリカ国外でアメリカ国籍の両親から生まれた人→アメリカ領諸島で出生 (4) 外国生まれの人→アメリカ国外でアメリカ国籍の両親から出生。

表2-2　アメリカ人が出生地にとどまる割合（年齢・地域別　2010年）

年齢層	アメリカ合衆国 居住州内で出生 パーセント	アメリカ合衆国 居住州内で出生 許容誤差(±)[1]	北東部 居住州内で出生 パーセント	北東部 居住州内で出生 許容誤差(±)[1]	中西部 居住州内で出生 パーセント	中西部 居住州内で出生 許容誤差(±)[1]	南部 居住州内で出生 パーセント	南部 居住州内で出生 許容誤差(±)[1]	西部 居住州内で出生 パーセント	西部 居住州内で出生 許容誤差(±)[1]
5歳以下	89.3	0.1	89.8	0.3	89.9	0.2	88.2	0.2	90.1	0.3
5〜17歳	78.3	0.1	80.6	0.3	82.2	0.2	75.1	0.2	78.0	0.3
18〜24歳	63.7	0.2	65.2	0.4	71.1	0.3	60.1	0.3	61.4	0.3
25〜44歳	50.5	0.1	54.3	0.2	65.0	0.2	47.3	0.2	40.2	0.2
45〜54歳	50.1	0.1	56.5	0.2	66.2	0.2	46.2	0.2	35.3	0.3
55〜64歳	49.7	0.1	56.5	0.2	64.9	0.2	47.9	0.2	32.1	0.2
65〜74歳	47.2	0.1	55.9	0.2	62.6	0.3	46.3	0.2	26.1	0.3
75歳以上	49.4	0.1	60.3	0.3	65.0	0.3	47.4	0.3	25.0	0.3

1. データは標本に基づいたもの。抽出された標本によって数値が変動する場合がある。許容誤差とは、推定値の変動範囲を示す。推定値に対して、許容誤差が大きければ大きいほど、推定値は信頼できない。許容誤差を推定値に足し・引きすることで、信頼区間90%を求めることができる。

いるようです（Harden 2002）。

　2010年のアメリカン・コミュニティ・サーベイによると、バシェリー町の住民の総数は2,346人（男性：1,124人　女性：1,222人）、男性の中央値年齢は33.9歳、女性の中央値年齢は38.1歳です。人種構成比ですが、住民のうち白人が24.8%、黒人が73.6%です。アメリカ南部の町であるにもかかわらず、ヒスパニック系はほとんど住んでいません。25歳以上の住民の中央値年収は3万52ドルです。高学歴になるにつれて年収は増えています。しかし4年制大学や大学院を卒業（修了）した住民は17.2%であり、全米平均値の27.9%よりも低いです。ほとんどの住民は高校卒業程度の学歴です。

　図2-1ルイジアナ州バシェリー町は、アメリカン・コミュニティ・サーベイを基に作成したものです。バシェリー町の北部はミシシッピー河の入り江に面しています。岸沿のHwy18号線（通称　グレートリバーロード）は、バシェリー町の幹線道路（HighwayまたはHwy）です。全長は128.94kmあり、ルイジアナ州西部にあるアセンション郡ドナルドソンビルから、ルイジアナ州東部にあるジェファソン郡グレンタをつないでいます。ミシシッピー河沿岸部とバシェリー町北部は、特別水害危険地域（Special Flood Hazard Areaまたは

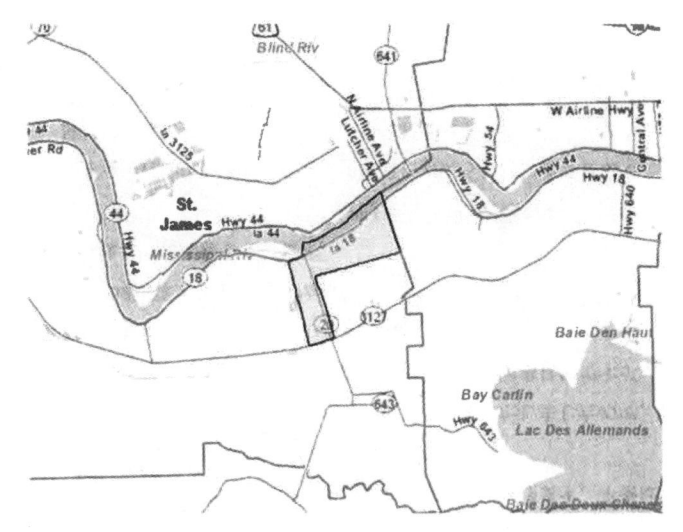

図 2-1　ルイジアナ州バシェリー町
出典：アメリカ国勢調査局の 2010 アメリカン・コミュニティ・サーベイデータより抜粋。

SFHA）に指定されています。このため、年間を通して温暖な気候ですが、湿度は比較的高い地域です。

　バシェリー町には、未だに 19 世紀アメリカのプランテーション時代の歴史が色濃く残っています。近隣には国定歴史建造物のオークアリー・プランテーション博物館があります。プランテーションとは、先住民や黒人奴隷を労働力として使い、単一作物を大量に栽培する大規模栽培農場を指します。

　写真 2-1 はオークアリー・プランテーションの玄関口です。写真は、プランテーションのほんの一部を写したものです。現在は博物館として一般公開されています。

　写真 2-2 の大邸宅は、1837 ～ 1839 年にかけてサトウキビ栽培農場主のジャック・テレスフォア・ローマン（Jacques Telesphore Roman）氏のために建てられました。ローマン氏はフランス系移民です。ルイジアナ州は、1803 年にアメリカがフランスから 1,500 万ドルで買収する（ルイジアナ買収 Louisiana Purchase）まで、1719 ～ 1769 年の間はフランス、1770 ～ 1803 年の間はスペインの植民地でした。

写真 2-1　オークアリー・プランテーションの玄関口
出典：筆者による撮影。撮影日は 2013 年 3 月 24 日。

写真 2-2　オークアリー・プランテーション内にある大邸宅
出典：筆者による撮影。撮影日は 2013 年 3 月 24 日。

　ルイジアナ地域は、元々アメリカン・インディアンたちが住んでいたのですが、1542 年頃スペインから探検家ヘルナンド・デ・ソト（Hernando de Soto）氏がミシシッピー河を発見してから、スペイン人たちがルイジアナ地域を開拓し始めました。しかし、この土地には金(きん)がないことがわかると、スペインの開拓者たちは金を求めて、さらに西へと進みました。フランスは、1682 年にロバート・カバリエ（Robert Cavalier）氏ら一行が、五大湖からミシシッピー河の河口に到着してからルイジアナ地域に入植し始めました（Oubre 1986: 3-4）。

　ヨーロッパ系移民がルイジアナ地域を支配者として君臨する一方、1710 年

写真2-3 南部での奴隷売買風景（1861年）
出典：David, Theodore R. 1861. A Slave Auction at the South. Library of Congress.

代頃からサトウキビ栽培農場（プランテーション）で働かせる奴隷として、イギリス、フランス、オランダの奴隷商人は、アフリカ大陸から黒人をアメリカへ強制連行し、アメリカ市場で売りさばいていました。写真2-3「南部での奴隷売買風景（1861年）」には、白人男性の前で女性の黒人奴隷と子供たちが売買されている風景が描かれています。

1865年にアメリカ合衆国憲法修正第13条が成立し、奴隷制度が廃止されるまで、アメリカでは公式に奴隷制度が認められていました。アメリカ南部のプランテーション経済は、黒人奴隷の強制労働力によって成長したのです。バシェリー町の住民の人種構成が、未だに白人と黒人に偏っているのは、このような歴史的背景が関係しています。

また、バシェリー町の文化にはケイジャン（Cajun）の歴史の影響も見られます。ケイジャンとは、アカディア人の大規模追放（1755〜1763年）の時に、ルイジアナ州ニューオーリンズやルイジアナ州南部のアカディアナ地域（Acadiana）に移住してきたフランス系移民の子孫たちです。バシェリー町もアカディアナ地域の一部ですので、料理、音楽、言語などにケイジャン文化が継承されています。さらに、黒人文化も混ざることで独自の文化を作り上げています。

現在のバシェリー町の住民の生活を見てみると、白人と黒人との間での貧富

の差が激しく、その差は住居環境に顕著に現れています。1960年代に製糖工場、造船所、アルミ溶接工場が近隣に建設されてから、近隣には工場労働者が増えました。農場で働くよりも、工場で得た収入の方が倍以上の稼ぎになったからです。ところが1960年代でしたら、高校卒業程度の学歴で工場職に就くことができましたが、2002年になると専門学校卒業者か2年制大学卒業者でないと雇われなくなりました（Harden 2002）。2010年のアメリカン・コミュニティ・サーベイによると、高卒者の失業率は10.5%ですが2年制大学卒業者の失業率は0%です。裕福な家庭の子供たちは4年制大学を卒業し、その中には大学院に進学する者もいます。しかしこのような高学歴者は、バシェリー町の工場で働くために地元に戻ってきません。

4年制大学に進学して、バシェリー町から出て行く傾向は黒人住民に強く見られます。これには人種差別問題が関係しています。ニューヨークタイムズ紙の記事には、バシェリー町で見られる人種関係は1940年代の頃のようであると書かれています（Harden 2002）。アメリカでは、1964年の公民権法（Civil Rights Act of 1964）が成立した後、人種差別をすることは違法となりましたが、即座に白人と黒人の間での人種対立がなくなったわけではありません。

1940年代のアメリカでは、白人（white）と有色人種（colored）が同じ公共施設を利用することが禁じられていました。写真2-4「タバコ市場近くのカフェ：アメリカ南部のノースカロライナ州ダーラムにて」を見てみますと、左側には「白人（white）」と書かれた看板があり、右側には「有色人種（colored）」と書かれた看板があります。このように、カフェの入り口は人種によって分けられていました。

1954年にアメリカ合衆国連邦裁判所は、ブラウン対教育委員会（Brown v. Board of Education）裁判において、公立学校教育で白人と黒人が別々の教育施設で教育を受けることは違憲であるとの判決をくだしました。しかし、バシェリー町の公立学校で実際に人種統合策が導入されたのは1969年からです。白人の親たちは人種統合策を嫌い、子供たちを公立学校ではなく、私立学校へと進学させました。ニューヨークタイムズ紙の記事の中で、バプテスト派の黒人牧師は「白人の方がチャンスに恵まれています。白人が市場を支配し、会社

写真2-4　タバコ市場近くのカフェ：アメリカ南部のノースカロライナ州ダーラムにて
出典：U.S. Farm Security Administration/ Resettlement Administration Black and White Photographs.

を経営し、農場を所有しています。高等教育を受ければ、黒人はこの状況から脱することができます」と述べています。この黒人牧師の8人の子供たちは、全員4年制大学を卒業し、バシェリー町から出て行ったそうです（Harden 2002）。

　バシェリー町での社会連帯について考察してみましょう。1960年代に近隣に工場が建設されたことで、農村社会から近代工業化社会へと移行しました。優秀な若者は、よりよい雇用機会を求めてバシェリー町を去りました。しかし大半の住民は、近隣の工場に1時間かけて車で通勤し、家族同士の繋がりを大切にしています。ニューヨークタイムズ紙の記事には、毎週日曜日の親戚一同で集まる食事会が好き、余暇の楽しみはコーヒーを飲みながら親戚と談笑すること、という25歳の青年について書いてあります。43歳の工場労働者は、毎朝5時30分に母親の家に立ち寄り、ココアを飲んでから出勤し、53歳の兄も毎朝母親が作るコーヒーを飲んでから職場へ向かうそうです（Harden 2002）。

　工場労働者が増えたことで、バシェリー町は伝統的な農村社会から近代社会へと移行したとも考えられますが、農村社会で築き上げた精神は失われていないようです。近くに商業施設がないことも理由に考えられますが、男性住民の余暇の過ごし方は、ザリガニ、ナマズ、鹿、リス、ウサギ、亀、カエル、カ

ニを捕獲することです。バシェリー狩猟クラブは女人禁制で、男性だけが入れる会員制クラブです。45歳の農家の男性は、男性限定のクラブを作ることで、母親や妻と近い距離を保ちつつも、男同士の付き合いを大切にできると述べています（Harden 2002）。

バシェリー町は、有機的連帯を築く環境が整っているにもかかわらず、機械的連帯が保たれています。肯定的な見方をすれば、家族を大事にするというバシェリー町の伝統が、親から子へと受け継がれたとも考えられます。否定的な見方をすれば、何らかの理由でバシェリー町から出て行くことができず、血縁関係の絆以外には何もない人たちの集まりとも考えられます。どちらの場合にせよ、ケイジャンの歴史と黒人奴隷の歴史が一つの文化として融合し、そしてこの融合文化が上手く住民の心をつかむことによって、バシェリー町は廃町を免れてきたのかもしれません。ただし、このメカニズムは解明されていません。今後、検証する必要があるでしょう。

記述問題

(1) 次の語句の定義を、相違点を踏まえた上で述べなさい
　(a) 機械的連帯と有機的連帯
　(b) 無規制分業と拘束的分業
(2) 資本主義体制が個人や社会に及ぼす影響について、デュルケムの考察を論述しなさい。
(3) ルイジアナ州バシェリー町の状況と、日本の農村部の過疎化とを比較して、類似点と相違点を述べなさい。

参考資料

エミール・デュルケム著，井伊玄太訳『社会分業論（上）』講談社，2012年.

エミール・デュルケム著，井伊玄太訳『社会分業論（下）』講談社，2010年.

Harden, Blaine. 2002. "Born on the Bayou And Barley Feeling Any Urge to Roam." *The New York Times*, September 30. Retrieved on August 1, 2013
　(http://www.nytimes.com/2002/09/30/us/born-on-the-bayou-and-barely-feeling-any-urge-to-roam.html).

Oubre, Elton. J. 1986. *Vacherie, Saint James Parish, Louisiana: History and Genealogy*.

Thibodaux, LA: Oubre's Books.
Ren, Ping. 2011. "Lifetime Mobility in the United States: 2010." Washington, D.C.: United States Census Bureau. Retrieved on August 1, 2013 (http://www.census.gov/prod/2011pubs/acsbr10-07.pdf).

第3章

M. ウェーバー – 社会学の根本概念と方法論

Sociological Concepts　社会的行為の合理性と非合理性

　マックス・ウェーバー（Max Weber 1864年4月21日-1920年6月14日）はドイツ出身の社会学者・経済学者です。マルクス、デュルケームらと同じように、社会学の黎明期を築いた人物の1人です。ウェーバーはハイデルベルグ大学で、法律、経済学、歴史、哲学を学んだ後、ベルリン大学で、中世の貿易会社の歴史に関する博士論文を執筆し、博士号を取得しました。1883年に結婚したマリアンヌ・シュニットガーと2人で、アイルランド、スコットランド、スペイン、イタリアを旅行し、1904年にはアメリカ合衆国にも訪れました。アメリカでは、ニューヨーク、ボストン、ボルティモア、ワシントンD.C.、フィラデルフィア、セント・ルイスなどを訪問しました。資本主義経済が台頭するアメリカ社会で得た知見をもとに『プロテスタンティズムの倫理と資本主義の精神』（1989[1904]）を執筆しました。その他の著書には『支配の社会学』（1960[1922]）、『社会学の根本概念』（1972[1921]）などがあり、哲学、歴史学、社会学理論・方法論と幅広い学術分野に強い影響力を及ぼした学者です。本章では、ウェーバーの理論を網羅するのではなく「社会的行為の合理性と非合理性」について考えてみます。

　ウェーバーが提唱する社会学を理解するには、彼の考える「社会的行為」という概念を理解することが重要です。デュルケームが『社会学的方法の基準』（1978[1895]）の中で、社会学とは社会的事実を「それらの個人的な諸表現と

は別個のものとしてあらわれてくる側面」(E. Durkheim 1895 = 1978: 117) から考察する学問であると論じたことに対して、ウェーバーは『社会学の根本概念』(1972[1921]) の中で社会学について次のように述べています。

　社会学という言葉は、非常に多くの意味で用いられているが、本書においては、社会的行為を解釈によって理解するという方法で社会的行為の過程および結果を因果的に説明しようとする科学を指す。そして、「行為」とは、単数あるいは複数の行為者が主観的意味を含ませている限りの人間行動を指し、活動が外的であろうと、内的であろうと、放置であろうと、我慢であろうと、それは問うところではない。しかし、「社会的」行為という場合は、単数あるいは複数の行為者の考えている意味が他の人びとの行動と関係を持ち、その過程がこれに左右されるような行為を指す。(M. Weber 1921 = 1972: 8)

　デュルケームは、社会学者が社会を対象物として観察することが社会学であると論じていました。一方、ウェーバーは社会において、主観的に意味のあると思われている社会的行為や行動を解釈し、その仕組みを理解することが社会学であると論じました。ウェーバーの考える「意味」とは、客観的に正しい意味、または理念でもって解明された意味ではありません。あくまでも「主観性を伴う意味」を指しています。そして「理解」には「明確性」が求められます。明確性には「合理的なもの（これも論理的か数学的かに分かれる）」(M. Weber 1921 = 1972: 10) と「感情移入による追体験的なもの、すなわち、エモーショナルな、芸術鑑賞的なもの」(M. Weber 1921 = 1972: 10) とに区別されます。このように、理解可能な部分と理解不可能な部分を「明確」にする必要があるとウェーバーは述べた上で「社会的行為」を次のように定義しています。

　社会的行為 - 放置や我慢を含む - は、他の人びとの過去や現在の行動、あるいは、未来に予想される行動へ向けられるものである。以前に受け

た攻撃への復讐、現在の攻撃の撃退、未来の攻撃に対する防御方法。「他の人びと」とは、ある個人や知人のこともあり、不特定多数者やまったく未知の人びとのこともある。例えば、交換における行為者が貨幣を交換財として受取るのは、将来の交換の際に非常に多くの人間－といっても、未知の不特定多数者－がそれを受取ってくれるという期待に自分の行為を向けているからである。(M. Weber 1921 = 1972: 35)

ウェーバーにとって社会的行為であるか否かは「自分の行動の意味が他人の行動に向けられている」(M. Weber 1921 = 1972: 36) かがポイントとなります。行為が人ではなく、物体の行動を予測している場合は、社会的行為には当てはまりません。例えば、個人の経済活動という、一見外的行為に見えたとしても、第三者の行動を考慮した上での行動でなければ、社会的行為とはみなされません。

ウェーバーが社会学の目的に合わせて作った理念型（ideal type）の1つに「社会的行為の4種類」が挙げられます。理念型とは、社会現象を理解する際に基準とする尺度を指します。

> 類型［理念型］構成的な科学的考察においては、行動の非合理的感情的な意味連関が行為に影響を及ぼす場合、すべてこういう意味連関は、まず、行為の純粋目的合理的過程を観念的に構成した上で、それからの偏向として研究し叙述すると非常に明瞭になる…純粋目的合理的行為には明確な理解不能性と合理性に基づく明白性とがあるため、純粋目的合理的行為を観念的に構成することは、類型（「理想型」）として社会学に役立ち、感情や錯誤など、あらゆる非合理性の影響を蒙る現実の行為を、純粋合理的行動に期待される過程からの偏向として理解させるものである。(M. Weber 1921 = 1972: 11-12)

ウェーバーは社会的行為の理念型として、意味のある社会的行為と、意味の伴わない無意識的な反応とを区別しました。これは、決して無意識的な反応を

軽んじているわけではありません。社会的行為には、合理性と非合理性が錯綜しているので、それらを精査し区別して考える必要があることを指摘しているのです。また「現実の行為は、これらの純粋類型[理念型]との間に大小の距離があり、またさらに多くの場合、それらの混合物である。この分類が便利であるか否かは、まったく結果次第である」(M. Weber 1921＝1972: 41-42) と記しています。

ウェーバーは社会的行為を①純粋的伝統的行為、②感情的行為、③価値合理的行為、④目的合理的行為の4つに分けていますが、この4類型が絶対であるとは言ってはいません。「行為の方向の種類を網羅した分類ではなく、社会学の目的に合わせて作った概念上の純粋類型」(M. Weber 1921＝1972: 41) であると述べています。

ウェーバーは、自分が作った4類型に対して防御的な態度を示しているよう見えますが、「類型」を作るという行為そのものが、社会学においては重要な仕事の1つです。「類型を作る」とは、自分が保持するデータの属性や特徴などを基にグループ分けをして、固有の名称をつけることです。自分の作成した「類型」と、現場で集めたデータとを照らし合わせることで、社会構造を深く考察することができます。

① 純粋的伝統的行為

これは、身に付いた習慣による行為を指します。例えば、意味もなく行う日常の動作などです。ウェーバーは次のように説明しています。

　　純粋的伝統的行動（為）には、前節に述べた純粋的反射的模倣と同様に、意味的方向を有する行為と呼び得るもののまさに限界にあり、限界の彼方にあることも多い。なぜなら、これは、見慣れた刺戟(しげき)に出会った途端に、以前から身に付いている態度のままに生ずる無意識の反応に過ぎぬことが非常に多いからである。多くの身に付いた日常的行為は、この類型に近いが、この類型が理論上の問題になるのは、ただ限界的ケースであるためではない。後に見るように、習慣の固執が、さまざまな程

度および意味において、意識的に維持されることがあるためでもある。その場合、この類型は次の第2項の類型［純粋的感情的行動（為）］に近くなる。(M. Weber 1921＝1972: 39)

　純粋的伝統的行為の中には「類型的に同じ主観的意味をもって、1人の行為者に繰り返し行われる行為の過程がある…また、広く多くの行為者に‐場合によっては同時に‐現れる行為の過程」(M. Weber 1921＝1972: 46) があります。ウェーバーは、このような伝統的行為を「習慣」と「慣習」に分けて、それぞれを次のように説明しています。

　　社会的行為の方向にある規則性の可能性が実際に存在するといっても、その規則性があるサークルの内部に存在する可能性がただ現実の行動によって与えられている場合は、それは「習慣」と呼ばれる。この現実の行動が久しく身に付いたものである時、こういう習慣は「慣習」と呼ばれる。
　　「流行」も習慣に属する。すなわち、慣習とは正反対に、その行動の新しさのゆえに行為がそれに従う場合、習慣は、慣習と呼ばれず、流行と呼ばれる。流行は、慣例に似たものである。なぜなら、流行は、多くの場合、慣例と同じように、身分上の誇りから生じるから。
　　慣習は、「慣例」や「法」とは違い、外的に保証されない規則であって、行為者は、ただ何も考えずに、あるいは、便利であるために、あるいは、その他の理由によって、事実上、それを自発的に守るし、また、同じサークルのメンバーが同じような理由でそれを守るであろうと期待する。したがって、この意味の慣習には、効力などというものはなく、誰も、慣習に従って行動することを要求されているのではない。(M. Weber 1921＝1972: 46-47)

このように、慣習には法的拘束力や強制力はありませんが、人が慣習を守るという行為を改めて考えてみると、2つの特徴が見られます。1つは、理由は

よくわからないけれども自発的に守ろうと思わせる心理です。もう1つは、ある集団の中では都合がよい規則なので、自分以外の人たちにも同じように守ってもらいたいという期待です。

> 単なる慣習の持つ安定性というのは、主として、周囲の多くの人たちの行為が現実に慣習の存続に関心を持ち、それに従った態度をとっているため、自分の行為を慣習に従わせない人間は不適切な行為を行う結果になり、大小の不便や不利益を蒙(こうむ)らざるを得なくなるということから来ている。(M. Weber 1921 = 1972: 49)

② 感情的行為

これは「直接の感情や気分による行為…異常な刺戟に対する無思慮な反応」(M. Weber 1921 = 1972: 39-40)を指します。

> 純粋感情的行動(為)も、意味的方向を意識的に持つものの限界にあり、限界の彼方にあることも多い。それは、異常な刺戟(しげき)に対する無思慮な反応であることがある。精神分析でいう昇華とは、感情的行為が感情の意識的発散として行われることである。それは、多くの場合(例外はあるが)、価値合理化や目的行為が始まること、あるいは、両者が始まることを意味する。
>
> 感情的に行為する人間というのは、直接の復讐、直接の享受、直接の帰依、黙想による浄福、或る直接的感情-粗野なものにしろ、繊細なものにしろ-の発散、そういう欲求を満たす人間のことである。(M. Weber 1921 = 1972: 40)

伝統的行為と同じように、意識的に行う意味のある行為である場合は限られています。「昇華」が価値合理化や目的行為の初期段階であるには次のように考えられます。もし感情を発散するという行為が、何らかの価値に基づいて、意識的に行われている場合は価値合理的行為の、また何らかの目的をもって、

意識的に感情を発散している場合は、目的合理的行為の初期段階として考えられます。純粋に感情的な行為とは、エモーショナル（情緒的）であるということだけで、その背景には何ら意図がないことが前提です。

③ 価値合理的行為

価値合理的行為とは「ある行動の独自の絶対的価値 - 倫理的、美的、宗教的、その他の - そのものへの、結果を度外視した、意識的な信仰による行為」（M. Weber 1921 = 1972: 39）を指します。

> 純粋価値合理的に行為する人間というのは、予想される結果を無視し、義務、体面、美、教義、信頼、何によらず、自分に命ぜられているものの意義を信じるがために行為する人間である。いつでも価値合理的行為というのは、行為者が課せられている思う命令や要求に従うところの行為である。（M. Weber 1921 = 1972: 40）
> 　合理的（価値合理的あるいは目的合理的）な動機による利害の均衡や、同じ動機による利害の一致に基づくような社会関係は、利益社会関係と呼ばれる。…合理ケースにおける利益的社会行為は、(1) 自分の義務への信仰によって価値合理的に拘束され、(2) 相手の誠実への期待によって目的合理的に拘束される。価値合理的動機による信仰団体 - 例えば、エモーショナルな感情的な利益の擁護を無視し、ひたすら価値そのものに仕えようとする合理的宗派。（M. Weber 1921 = 1972: 66-67）

傍目には非合理的に見える行動であったとしても、当人からすれば、自分の価値観に則った合理的な判断であると考えられる場合があります。例えば、自分には何の得にもならないのに、友人や隣人が困っている時に助けてあげる行為は、自分自身の「友情・誠意」という価値観を忠実に則った行為であると考えられます。

『プロテスタンティズムの倫理と資本主義の精神』（1989[1905]）の中に、価値合理的行為に当てはまる例が多々見られます。ウェーバーは、18～19世

紀にかけて、アメリカで資本主義社会体制が発展したのは、プロテスタント教徒たちが共有する宗教的価値観にその理由があると論じました。富を目的とした行動は邪悪であると考える一方、神が与えた天職を懸命に遂行した結果として得た富は、神のご加護であると考えたのです。

　プロテスタンティズムの世俗的禁欲は、所有物の無頓着な享楽に全力をあげて反対し、消費を、とりわけ奢侈的な消費を圧殺した。その反面、この禁欲は心理的効果として財の獲得を伝統主義的倫理の障害から解き放った。利潤の追求を合法化したばかりではなく、それをまさしく神の意志に添うものと考えて、そうした伝統市議の桎梏を破砕してしまったのだ。ピュウリタンをはじめとして、クェイカー派の偉大な護教者バークリーが明らかに証言しているように、肉の欲、外物への執着との戦いは、決して合理的営利との戦いではなく、所有物の非合理的使用に対する戦いなのだった…禁欲は有産者に対して決して苦行を強いようとしたのではなく、必要な、実践上有用なものごとに所有物を使用することを求めたのだ。(M. Weber 1905＝1989: 342)

ウェーバーは、資本主義社会に見られる経済格差を、宗教的価値観から言及しています。

　市民的企業家は形式的な正しさの制限をまもり、道徳的生活に欠点もなく、財産の使用にあたって他人に迷惑をかけることさえしなければ、神の恩恵を十分にうけ、見ゆべき形で祝福をあたえられているという意識をもちながら、営利に従事することができたし、またそうすべきだったのだ。そればかりではない。宗教的禁欲の力は、冷静で良心的で、すぐれた労働能力をもち、神のよろこび給う生活目的として労働に精励する、そうした労働者さえも彼の掌中にあたえた。さらに、それに加えて、この宗教的禁欲の力は、現世における財の分配の不平等が神の特別な摂理のわざであり、神はこの差別をとおして、恩恵の予定によってなし給

うのと同じに、われわれのあずかり知らぬある秘密の目的をなしとげ給うのだという、安心すべき保証をあたえたのだ…民衆は窮乏に強いられたときだけに労働すると言っているが、資本主義経済の基調のこうした定式化は、のちさらに、低賃銀（低賃金）の「生産性」という理論のなかに流れこんでいくことになった。(M. Weber 1905 = 1989: 356-357)

19世紀末の欧米諸国で繰り広げられた経済格差、つまり労働者が資本家によって搾取されている資本主義経済体制の仕組みを分析するという点において、ウェーバーとマルクスには共通の問題意識が見られます。ところが、マルクスが資本主義経済体制の根源を生産手段という経済的側面に焦点をあてたことに対して、ウェーバーは社会的行為の中に経済的行為を位置づけ、経済的行為とは一見無縁に見える文化、宗教という非経済的な要素が経済的行為にも関係あることを論じたのです。

④　**目的合理的行為**

目的合理的行為とは「外界の事物の行動および他の人間の行動についてある予想を持ち、この予想を、結果として合理的に追求され考慮される自分の目的のために条件や手段として利用する行為」(M. Weber 1921 = 1972: 39) を指します。

目的合理的に行為する人間というのは、目的、手段、付随的結果に従って自分の行為の方向を定め、目的と手段、付随的結果と目的、さらに諸目的相互まで合理的に比較秤量し、どんな場合にも、感情的（特に、エモーショナル）あるいは伝統的に行為することのない人間のことである。競合し衝突する目的や結果に決定を下す場合になると、価値合理的な方向を取ることもあるが、そうなると、その行為は手段だけが目的合理的ということになる。また、行為者が、命令や要求へ価値合理的に従わず、競合し衝突する諸目的をただ主観的な欲望と考え、自分の意識的な評価によって緊急度の諸段階を設け、その順序に従ってできる限

りの満足を得ようとすることもある(「限界効用」の原理)。このように、行為の価値合理的方向は、目的合理的方向との間にさまざまな関係を持つことがある。しかし、目的合理性の立場から見ると、価値合理性は、つねに非合理的なものであり、とりわけ、行為の目指す価値が絶対的価値へ高められるにつれて、ますます非合理的になる。なぜなら、その行為の独自の価値(純粋な信念、美、絶対的な善意、絶対的な義務感)だけが心を奪うようになると、価値合理性は、ますます行為の結果を無視するようになるから。行為の絶対的目的合理性というのも、主として観念的に構成された限界的ケースにすぎない。(M. Weber 1921 = 1972: 41)

例えば、高所得の職に就くために進路を厳選するという行動は、目的、手段、結果に合理性が見られます。現代社会においても、企業が利潤を追求するためには、可能な限り人件費と材料費を抑え、高い価格で商品を販売することが合理的な行動と見られます。

『プロテスタンティズムの倫理と資本主義の精神』(1989 [1905])の最後では、19世紀の産業化社会では、資本主義経済体制が社会全体を「鉄鋼のように堅い檻」(M. Weber 1905 = 1989: 365)のように覆い被さっており、この経済体制が社会に与える影響は予測できない、とウェーバーは述べています。産業化社会の台頭によって、それ以前の経済活動に見られた宗教的思想の根幹は死滅してしまったとも述べました。

　禁欲が世俗を改造し、世俗の内部で成果をあげようと試みているうちに、世俗の外物はかつて歴史にその比を見ないほど強力になって、ついには逃れえない力を人間の上に振るうようになってしまったのだ。今日では、禁欲の精神は－最終的にか否か誰が知ろう－この鉄の檻から抜け出してしまった。ともかく勝利をとげた資本主義は、機械の基礎の上に立って以来、この支柱をもう必要としない禁欲をはからずも後継した啓蒙主義の薔薇色の雰囲気でさえ、今日ではまったく失せ果てたらしく、「天職義務」の思想はかつての宗教的信仰の亡霊として、われわれの生活の中を徘

御している。そして、「世俗的職業を天職として遂行する」という、そうした行為を直接最高の精神的文化価値に関連させることができない場合にも－あるいは、逆の言い方をすれば、主観的にも単に経済的強制としてしか感じられない場合にも－今日では誰もおよそその意味を詮索しないのが普通だ。営利の最も自由な地域であるアメリカ合衆国では、営利活動は宗教的・倫理的な意味を取り去られていて、今では純粋な競争の感情に結びつく傾向があり、その結果、スポーツの性格をおびることさえ稀ではない。（M. Weber 1905＝1989: 365-366）

ウェーバーは、社会学に経験的科学や形而上学とは異なる位置づけを与えつつも、社会的行為の織りなす意味を、科学的に合理性と非合理性の双方から理解することを試みています。ウェーバーの理念型の説明の中には、仮説検証法についても触れています。

例えば、株式恐慌を説明するには、まず、非合理的感情の影響がなかった場合に想像される行為の過程を明らかにし、次に、非合理的要素を撹乱要因として導入するのが便利である。同じように、政治行動や軍事行動について、まず、当事者の事情や意図が完全に知られているという仮定、また、正しいと思われる経験に従って手段の選択が純粋目的合理的に行われているという仮定を行い、これらの仮定の下で行為がいかなる仮定を辿るかを明らかにするのが便利である。こうしてはじめて、それからの偏向の原因を、そこに働いている非合理性に求めることができる。（M. Weber 1921＝1972: 12）

ウェーバーとデュルケームとの方法論の違いは、ウェーバーは歴史資料を使用し人びとの行為を時系列的に検証することで、社会問題の原因を解明していることに対して、デュルケームは数値を使い、社会を対象物として包括的・体系的に分析しています。使用するデータが異なったとしても、両者とも社会を科学的な思考でもって分析しているという点で共通しています。

Sociological Application　障がい児を産みたい心境とは

　「結婚した男女には子供がいて当然」という社会的価値観は、不妊で悩む夫婦の肩に重くのしかかります。日本では少子化の原因として、女性の未婚化と晩婚化がよく挙げられます。2013年5月7日、日本の内閣府の有識者会議「少子化危機突破タスクフォース」は、妊娠適齢期などを含む妊娠・出産に関する知識、健康データを記載した「生命（いのち）と女性の手帳」を作成し、女性に複数回配布すること（子宮頸がんワクチン接種時、高校・大学入学時、成人式、企業就職時など）で合意しました（内閣府 2013）。ところが、この合意に対して非難が集まりました。問題として挙げられたのは、少子化は女性だけの問題であると捉えていること、政府が個人の問題に関与すること、不妊に悩む夫婦、同性婚カップルなどが視野に入っていないことなどです。内閣府の配布資料には、男性に対する普及・啓発活動の検討や不妊治療に対する支援を検討するようにと書かれていますが、全体としては女性のみを対象とした内容となっています（内閣府 2013）。

　子どもがいなくとも、夫婦2人で健康に生活していればよいという考え方もありますが、どうしても子どもが欲しい場合、アメリカでは代理出産、卵子・精子バンクから卵子や精子の提供、養子縁組などによって子どもを授かる夫婦もいます。この中で一番多いのが養子縁組です。アメリカ疾病予防管理センター（Center for Disease Control and Prevention）では、2007年4月～2008年6月の間に「養家に関する全米調査（National Survey of Adoptive Parents）」を行い、アメリカの養家がどのような方法で養子を受け入れているかについて調査しました。調査対象者は0～17歳の養子を持つ養家です。対象者のサンプルは、アメリカの里親制度、アメリカ国内の養子縁組請負組織、または国際養子縁組請負組織を利用して養子縁組をした養父母です。回答者数は2,089名で、電話インタビュー調査法でデータを収集しました。

　表3-1によると、国際養子縁組を行った養父母は26.1%、里親制度を利用した養父母は36.5%、民間組織を通じて養子を取った養父母は37.4%です。近頃、

表 3-1　養子縁組みの類型

	度数	パーセント	累積度数	累積パーセント
国際養子縁組請負組織	545	26.1	545	26.1
里親制度	763	36.5	1308	62.7
民間養子縁組請負組織	781	37.4	2089	100

出典：Center for Disease Control and Prevention. 2012. "National Survey of Adoptive Parents: Frequency Counts."12.

　アメリカで特に注目を浴びているのが国際養子縁組（international adoption）です。これは、海外から乳幼児を養子として受け入れることを指します。全体の1/3弱の夫婦・カップルがこの方法で養子をとっていることから、アメリカ社会では一般的な方法として受け入れられていることが明らかです。

　表3-2では、具体的にどの国の子供を養子として受け入れているかを表しています。国際養子縁組を行った543組の養父母のうち、165組が中国から養子を受け入れており、これは国際養子縁組を行った養父母全体の30.3%を占めています。そしてロシア（16.9%）、グアテマラ（11.4%）、韓国（9.3%）と続きます。特定の国からの養子受け入れが円滑に運ばれる背景には、養父母と孤児との間を取り持つ仲介組織が存在することが考えられます。ところが、児童人身売買グループも関与している場合も多く、2013年現在アメリカ国務省は、グアテマラ、カンボジア、ベトナムからの養子受け入れを禁止しています。

　子供の授かり方のもう一つの例としては、自分たちと同じ障がいのある子どもを授かりたいと望む夫婦が、着床前診断で受精卵の遺伝子や染色体に障がいがあることを確認してから子宮に戻すことが挙げられます。2006年にジョンホプキンス大学の遺伝学・公共政策センター（Genetics and Public Policy Center）では、全米の体外受精クリニックを対象に、着床前診断に関するヒアリング調査を行いました。この調査の中で、4つの体外受精クリニックでは、特定の障がい（難聴、小人症）があることを確認するために、着床前診断を行ったことが明らかになりました。ある体外受精クリニックでは、女性から遺伝性難聴である受精卵を選択して欲しい、との依頼があったことを報告しています（Bauruch 2008: 235）。

表 3-2 養子の出身国

	度数	パーセント	累積度数	累積パーセント
非該当者[1]	1544	73.9	1544	74.0
欠損値	2	0.1	1546	74.1
中国（本土）	165	7.9	1711	82.0
ロシア	92	4.4	1803	86.4
グアテマラ	62	3.0	1865	88.7
韓国	51	2.5	1916	91.2
その他（アメリカ）	16	0.8	1932	92.0
その他（アジア）	62	3.0	1994	95.0
その他（ヨーロッパ）	40	1.9	2034	96.9
その他（中央アメリカ）	12	0.6	2046	97.5
その他（南アメリカ）	30	1.5	2076	99.0
その他	13	0.7	2089	99.7

1：この質問項目は国際養子縁組を行ったカップル 545 組だけが対象。
2：545 人のうち何らかの手違いがあったため、2 人のデータを欠損値として処理。
3：累積パーセントの合計が 99.7%なのは、四捨五入を少数点下 2 桁で行った値を合計したから。

出典：Center for Disease Control and Prevention. 2012. "National Survey of Adoptive Parents: Frequency Counts."12.

　2006 年 12 月 5 日付けのニューヨークタイムズ紙の記事には、小人症の母親が自分と同じ障がいを持つ子供が産まれることを望む心境が書かれています。自分達と姿格好が似ている方が、家族としてを強い絆を築けると感じているようです。両親が小人症である場合、25％の確率で受精卵が二重突然変異体である可能性があります。残りの 50％の受精卵には小人症、25％の受精卵には特定の疾患が見られない傾向があることが分かっています。本来は、二重突然変異体の受精卵を取り除くことを目的として、着床前診断をアメリカでは行うのですが、母体に受精卵を戻す際に、障がいのある受精卵を選択する場合が多々見られるとのことです。

　ニューヨークタイムズ紙の記事には、次のような声が寄せられていました。

① メリーランド州に在住のレズビアン・カップル。2人とも、ワシントンD.C.にあるギャローデット大学（Gallaudet University）を卒業。ギャローデット大学は、聴覚障がい者のための私立大学で、聴覚障がい者の歴史、言語習得、文化などを研究する国際的に有名な研究機関。このカップルは、あえて聴覚障がいのある男性からの精子を提供してもらい出産しました。2006年時点で、5歳の息子には聴覚障がいがあります。自分たちと同じ「聴覚障がい」という境遇を息子と共有できるので、このカップルは息子に障がいがあることを喜んでいます。

② ニュージャージー州在住で小人症の看護師は、着床前診断を受けました。彼女自身に障がいがあるために、受精卵が二重突然変異体であるかを検査しました。この検査で、受精卵の遺伝子構造が分かるために、小人症の障がいがあるかも判明します。彼女は受精卵が健常ではなく、小人症の傾向があることを喜びました。自分と同じ障がいを持った子供の方が親近感がわき、接しやすいからです。

③ メイン州に在住で小人症の専業主婦は、着床前診断をしたところ、自分の子供が健常者（通常の身長にまで成長する）であることを知り、がっかりしました。この子供を授かる前に流産をしていたので、当然子供が産まれることは喜ばしいことでしたが、子供が大きくなってから、自分の親に障がいがあることを知った時の子供の反応が心配になりました。また、子供は健常者なのに、親に障がいがあることでイジメられるのではないかと悩んだそうです（Sanghari 2006）。

これらの事例は、ウェーバーが提唱する「価値合理的行為」として考えられます。まず、共通して見られるのは、夫婦で子どもを育てることによって「完全な家族」になるという価値観が根底にあることです。ただし、何をもって家族の絆と考えるかは、それぞれの判断に委ねられています。国際養子縁組を通して子供を授かることを選択するカップルには、自らが妊娠するという選択肢が残されていないものの、海外から乳幼児を養子として迎え入れることで、完全な家族になるための合理的な行為を行っています。海外の養子を選択する理

由は、生みの親が突然家庭を訪問する可能性が低いからです。アメリカ国内に生みの親がいると、数年後に子供を引き取りに来る恐れがあります。

　一方、あえて障がい児を授かりたいと考える両親は、子供と自分たちと同じ障がいを共有することで、苦楽を分かち合うだけでなく、自分たちに姿形が似通った子供を持ちたい、という価値観が垣間見えます。健常者の立場からすれば、障がい者の両親が障がい児を育てることは、両親の負担が大きいと思いがちです。ところが、障がい者の立場からすれば、障がいとは身体的な欠陥ではなく個性と捉え尊重しているのです。そして、その個性を得るために、着床前診断で障がいの有無を調べ、障がいが見られた場合には着床することで、この価値観を全うしようとしているのです。このような観点から考えると、障がい児を授かりたいと行動することは、合理的な行為であると考えられます。

記述問題

(1) 純粋的伝統的行為、感情的行為、価値合理的行為、目的合理的行為の定義を述べなさい。
(2) 「理念型」の運用方法を具体例を用いて述べなさい。
(3) 日本社会において、価値合理的行為と目的合理的行為に準える事例を探し、それぞれを各行為の定義に沿って述べなさい。

参考資料

マックス・ウェーバー著, 清水幾太郎訳『社会学の根本概念』岩波書店, 1972年.

マックス・ウェーバー著, 大塚久雄訳『プロテスタンティズムの倫理と資本主義の精神』岩波書店, 1989年.

エミール・デュルケム著, 宮島喬訳『社会学的方法の規準』岩波書店, 1978年.

Sanghavi, Darshak, M.D. 2006. "Wanting Babies Like Themselves, Some Parents Choose Genetic Defects." *The New York Times*, December 5. Retrieved on August 2, 2013 (http://www.nytimes.com/2006/12/05/health/05essa.html?_r=0).

Bauruch, Susannah, J.D. 2008. "Preimplantation Genetic Diagnosis and Parental Preferences: Beyond Deadly Disease." *Houston Journal of Health Law and Policy* 8: 245-270. Retrieved on August 2, 2013,
(http://www.dnapolicy.org/resources/PGD&parentalpreferences.pdf).

Center for Disease Control and Prevention. 2012. "National Survey of Adoptive Parents: Frequency Counts." Retrieved on August 2, 2013, 〈ftp://ftp.cdc.gov/pub/Health_Statistics/NCHS/slaits/nsap2007/formatted_freqs/NSAP_formatted_frequencies.pdf〉.

内閣府「少子化危機突破タスクフォース(第3回)議事次第」2013年, 2013年5月20日にアクセス〈http://www8.cao.go.jp/shoushi/taskforce/k_3/index.html〉.

第4章

E. ゴッフマン - 社会が作る多元的自己

Sociological Concepts　スティグマ

　アービン・ゴッフマン（Erving Goffman 1922年6月11日-1982年11月19日）はカナダ生まれですが、アメリカで教育を受けた社会学者です。20世紀初頭にロシアからカナダへ移住した、ウクライナ系ユダヤ人の家系に生まれました。1945年に、トロント大学で社会学と人類学で学士号を取得後、1949年にシカゴ大学大学院社会学研究科で修士号（M.A.）を、そして1953年に博士号（Ph.D.）を取得しました。著書には『行為と演技 - 日常生活における自己呈示』（1974[1959]）、『アサイラム - 施設被収容者の日常生活』（1985[1961]）、『出会い - 相互行為の社会学』（1985[1961]）、『集まりの構造 - 新しい日常行動論を求めて』（1980[1963]）、『儀礼としての相互行為 - 対面行動の社会学』（1986[1967]）などがあります。本章では、ゴッフマンのすべての著作を網羅するのではなく、『スティグマの社会学』（1970(2012)[1963]）だけを取りあげます。

　1950年頃のアメリカ社会学では、構造的機能理論（strucutrual functional theory）が優勢的な地位を占めていました。この理論では、社会を組織同士が複雑に支え合う集合体と捉え、各々の組織は社会全体のニーズに従って機能していると考えます。例えば、社会構造内の一部組織に変化が見られた場合、その変化は他の組織に伝わり、各組織は社会全体が均衡するように変化するために、社会の安定は保たれます。この理論の根底には、デュルケームの機能主義

的な考え方（第2章を参照）が影響しています。

構造的機能理論を社会学界に広めることに貢献したのは、タルコット・パーソンズ（Talcott Parsons 1902年12月13日-1979年5月8日）です。彼は『社会大系論』（1974[1951]）の中で、AGIL図式を提唱しています。AGIL図式とは、社会組織はA（adaptation 適応）、G（goal 目標達成）、I（integration 統合）、L（latency 潜在性）という経路をたどりながら、最終的には社会全体を均衡化させるというモデルです。パーソンズはAGIL図式を用いて、社会組織や価値観が社会全体に組み込まれるプロセスを説明しました。

1960年代になると、構造的機能理論に対して批判が高まりました。特に問題視されたのが、闘争や社会変動によって、社会全体が変化するという視点が欠けているところです。構造的機能理論では、闘争から生じる社会変動を社会組織の一部が吸収し、社会全体は安定すると考えます。ところが、そのような考え方自体に問題があると批判がおこりました。また、構造的機能理論はマクロ的視点に則っているため、ミクロ・レベルで起こる社会関係を看過しており、現実社会とパーソンズのモデルとの間に乖離が見られるとの批判もありました。

ゴッフマンは、構造的機能主義の潮流とは逆に、日常生活で人びとが何げなくとる行動、つまり人と人との交流の中に垣間みられる象徴（サイン）の意味を読み解くことで、社会の構造を理解することができると考えました。この研究視点は「シンボリック相互作用論（symbolic interactionism）」の一つとして考えられています。

シンボリック相互作用論という言葉そのものを作ったのは、ハーバート・ブルマー（Herbert Blumer 1900年3月7日-1987年4月13日）です。ブルマーは著書の『シンボリック相互作用論－パースペクティブと方法』（1991[1969]）の中で、①人間は、物事が自分に対して持つ意味に則り行動し、②物事の意味は、個人が仲間との相互行為の中から生まれ、③この過程によって生まれた意味は時と場合によって解釈が異なるため、その度に修正される、ことをシンボリック相互作用論の前提として述べています。実際の検証方法としては、参与観察、インタビュー調査、生活誌の記録などから、人と人との交流を検証し、

その交流の中から生まれる行為の解釈をすることが挙げられます。

　人間にはさまざまな側面があります。大学生が教員と接する時に見せる顔と、バイト先の仲間に見せる顔と、実家の両親に見せる顔とでは、それぞれに少しずつ違いがあるはずです。大学生が誰と接するかによって態度を変えたとしても、同じ人物であることには違いありません。ゴッフマンは、個人が多元的自己をどのように理解し、また社会でどのように使い分けているかを、日常生活における人と人との交流を通して研究しました。「接する人によって態度を変える自分」を舞台役者に例えることで、ゴッフマンは社会における個人の行為、個人同士の相互作用を理解しようとしました。

　たとえば、舞台役者は作品の中の役を舞台(フロントステージ)で演じるのですが、観客の反応や、舞台セッティングに応じて微妙に演出を変えています。役者の舞台の袖や舞台裏(バックステージ)で役者仲間と接する時の行動(パフォーマンス)は、舞台上とは異なりますし、演劇の仕事を離れて劇場外(アウトサイド)にいる時には、劇場内とは異なる行動(パフォーマンス)をとります。これを個人と社会との関係に置き換えてみると、個人は役者のように社会の文脈によって自己を変容させる一方、社会文脈や自分以外の人と接する中で、自己のアイデンティティは形成されます。自己とは社会文脈の中で作られ、また他者との交流によって絶え間なく変容するのです。このような研究視点から社会を考える方法をドラマツルギー（dramaturgy）と言います。

　『スティグマの社会学』(1970(2012)[1963])の中で、ゴッフマンは人間が他の人間と接した際に行っている行為について考察しています。この行為とは、他者を仕分けする作業です。

　　社会は、人びとはをいくつかのカテゴリーに区分する手段と、それぞれのカテゴリーの成員に一般的で自然と感じられる属性のいっさいを画定している。さまざまな社会場面(セッティング)が、そこで通常出会う人びとのカテゴリーをも決定している。状況のはっきりした場面では社会的交渉のきまった手順があるので、われわれは特に注意したり頭を使わなくても、予想されている他者と交渉することができる。したがって未知の人が面前に現れても、われわれは普通、最初に目につく外見から、彼のカテゴ

リーとか属性、すなわち彼の〈社会的アイデンティティ〉を想定することができるのである。このアイデンティティという言葉を使うほうが、〈社会的身分〉という言葉を用いるより適切である。というのは、アイデンティティという言葉には、〈職業〉という社会構造上の属性はもちろん、〈正直〉というような人柄を表す属性も同時に含まれているからである。(E. Goffman 1963＝1970(2012): 14)

他者を仕分けする際の規準として、重要なのが「普通」か「普通じゃない」かの仕分けです。人は無意識のうちに、自己の中で「標準」という尺度を作っており、未知の人に対しては、その尺度に照らし合わせた上で、仕分けしています。

　　われわれは…〔集団／社会内で〕規準的／標準的とされている〔価値体系に準拠した〕期待〔以下、規準的期待〕、すなわち正当に提出された要求、へとその想定を変えていく。
　　通常われわれは、最初の要求が満たされるかどうかという実際的問題が起きるまでは、自分たちがそのような要求をしたことに気づきもしないし、あるいは最初の要求がどんなものだったかにも気づかずにいるのである。気づかずにいたことに気づいてはじめて、面前にいる人がどういう人なのかについて、知らず知らずに自分が自明としているいくつかの前提(アサンプションズ)があったことに思い当たることがしばしばだ。(E. Goffman 1963＝1970(2012): 14-15)

ゴッフマンは、人が他者に付与しているアイデンティティを2種類挙げています。1つ目は「対他的な社会的アイデンティティ」です。これは、人が相手の予想可能な行為を顧みて、付与した属性を指します。2つ目は「即時的な社会的アイデンティティ」です。これは、相手が事実としてもっている性格を、私たちが求めれば開示する属性を指します。(E. Goffman 1963＝1970(2012): 15)

ある人に対して「標準的ではない」と捉える時、私たちはどのような判断をくだしているのでしょうか。

　　未知の人が、われわれの面前にいる間に、彼に適合的と思われるカテゴリー所属の他の人びとと異なっていることを示す属性、それも望ましくない種類の属性－極端な場合はまったく悪人であるとか、危険人物であるとか、無能であるとかいう－をもっていることが立証されることもあり得る。このような場合、彼はわれわれの心のなかで健全で正常な人から汚れた卑小な人に貶（おとし）められる。この種の属性がスティグマなのである。ことに人の信頼／面目を失わせる（discredit）働きが非常に公汎にわたるときに、この種の属性はスティグマなのである。この属性はまた欠点／瑕疵（かし）、短所、ハンディキャップともよばれる。スティグマは、対他的な社会的なアイデンティティと即時的なアイデンティティの間のある特殊な乖離を構成している。対他的な社会的アイデンティティと、即時的な社会的アイデンティティの間には、まだ他の型の乖離もあることに注意してほしい。たとえば、ある人を社会的に想定されたあるカテゴリーから、それとは別の最初の想定同様に充分予測できたカテゴリーへと再度分類しなおす理由になる種類の乖離と、同じ人の評価をよりよい評価に変える理由になる種類の乖離である。また次のようなことも注意してほしい。すなわちすべての望ましくない属性が問題になるのではなく、ある型の人がどうあるべきかについてわれわれが持っているステレオタイプと不調和な属性だけが問題になる、ということである。…われわれ、ならびに当面の特定の期待から負の方向に逸脱していない者を、今後私は常人（ノーマルズ）（the normals）とよぶことにする。（E. Goffman 1963＝1970 (2012): 15-16, 19）

　この引用文の中では、烙印（スティグマ）と常人（ノーマルズ）という観念が紹介されています。この引用文には書かれていませんが、ゴッフマンはスティグマを属性という言葉で表すのは適切ではなく、人と人との関係性と考える方が妥当であると述べていま

す。なぜなら「ある種の者がそれをもつとスティグマになる属性も、別のタイプの人には正常性を保証する」ことがあるからです（Goffman, E 1963=1970(2012): 16)。個人に、スティグマになると思われる属性があったとしても、それが信頼される方向に動くか否かは、ケース・バイ・ケースなのです。つまりスティグマは、その個人・集団と社会との関係の文脈から生じるのです。

例えばアメリカではある種の仕事につくには［大学出であることが必要とされるので］、必要とされている大学教育を受けていない者は、その事実を隠そうとする、逆に、別の種類の仕事は、［好ましくない仕事なので］その仕事に従事している［高等教育を受けた］人は、失敗者、部外者、というレッテルを貼られたくないために、大学出という事実を隠そうとする。…国のために戦いに出たいと願う者が、自分の身体の状態が不適格とされないように、肉体的障がいを隠すことがある。しかしあとになって、同一人物が苦しくなり軍隊をやめたくなって、一度はうまい具合に軍の病院に入院する許可を得ることに成功したとする。ところがもしここで実際は急性の疾病をもたないことが分かったなら、彼は信頼を失うこととなる。この場合、スティグマは実際属性とステレオタイプの間の特殊な関係ということになる。(E. Goffman 1963=1970(2012): 16-17)

スティグマを考える際に、記号(サイン)と表象(シンボル)という概念を明確にする必要があります。特定の個人や集団に関する、その場限りではなく恒常的な情報（社会的情報）は、当人が特定のサインを介して発信しており、そのサインの意味を相手が受け取った時点でシンボルとなります。

スティグマを研究する際にきわめて重要な意味をもつ情報はいくつかの特質をもっている。それは特定の個人についての情報であり、これは彼がそのときどきにもつ気分、感情、意図とは違って、多少とも恒常的な性質についての情報である。この種の情報とそれが伝達される媒体とな

第4章　E. ゴッフマン－社会が作る多元的自己　79

る記号はともに自己回帰的具体的である。すなわち、この種の情報はそれに直接関係のある当の人がこれを搬んでおり、しかも表出を受信している相手をすぐ前にして、肉体的表出を介して伝達されている。私はこれらの特質のすべてをもつ情報をここでは〈社会的〉とよびたいと思う。社会的情報を伝達する記号のなかにあるものは、頻繁に着実に入手可能であり、つねにきまった仕方で求められたり、受信されたりする。これらの記号は〈シンボル〉とよんでもよかろう。

　特定のシンボルによって伝達される社会的情報は、他の記号が個人についてわれわれに告示することを確認させるにすぎず、それは念入りな仕方で明瞭に彼についてのわれわれのイメージを充実するのである。(Goffman, E 1963＝1970（2012）: 81-82)

このシンボルは3種類あります。1つ目は世評（プリステージ）です。これは、社会的に望ましい階層的地位との関係を立証するサインです。

　何らかのシンボルによって伝達される社会的情報は、〔その所持者の〕世評（prestige）、名誉、あるいは社会的に望ましい階層的位置との関係－すなわち他の仕方では呈示され得ないか、たとえ他の仕方で呈示されたとしても、自動的には承認されない要請－を立証していることがある。この種の記号を一般には〈身分のシンボル〉といっているが、〈世評のシンボル〉という術語のほうが、いっそう正確であろう。というのは何らかの充分組織された社会的位置を指示対象とする場合に、〈身分のシンボル〉という術語がいっそう適切であるからである。(E. Goffman 1963＝1970（2012）: 82)

2つ目はスティグマです。これは、ある欠点がなければ常人（ノーマルズ）として完璧なのに、その欠点があるばかりに、個人に対して低い社会的評価が与えられるサインです。

> スティグマのシンボルとは、アイデンティティを損ない貶めるような不整合、つまりそれがなければ整合した全対象となるものにひびをいれるような異常、に注意を惹きつけるようにとくにつよく働き、その結果その個人に対してわれわれが低い評価を与えることになるような記号のことである。(E. Goffman 1963＝1970(2012): 82-83)

そして、世評のシンボルにも、スティグマのシンボルにも該当しない場合を、ゴッフマンは「アイデンティティを混乱させるもの（disidentifiers）」と定義しました。

> 事実上あるいは仮定上 – その記号がなければ整合的な全体像となるものに（この場合は行為者が希望するプラスの方向で）ひびを入れることになるが、対他的な要請の妥当性にきびしい疑問を投げかけるほどのものではなく、新規の資格／条件を成立させるような記号がそれである。私はこれをアイデンティティを混乱させるもの（disidentifiers）とよぼう。一例をあげると、南部を訪れた北部の教育ある黒人の〈立派な英語〉である。(E. Goffman 1963＝1970(2012): 83)

アメリカ北部で高等教育を受けた黒人が、アメリカ南部で完璧な英語を話すと、アメリカ人はこの黒人がどの階層に属するのかがわからず困惑します。アメリカ北東部には、ハーバード大学をはじめとするアイビーリーグと呼ばれる有名校があります。この大学で話されている英語には、エリート層が使う独特の言葉使いがあり、英語の発音も独特です。アメリカ社会では、黒人は低学歴・低所得で、犯罪率の高い集団として見られています。そして未だに黒人は、二級市民としての扱いを受けています。特に、アメリカ奴隷制度の歴史を色濃く残すアメリカの南部地域（第2章を参照）においては、黒人に対する差別意識は、アメリカの他の地域に比べると強い傾向があります。このような状況の中、アメリカ南部で北部のエリート層が使う英語をしゃべる黒人は、エリート層の英語という「世評のサイン」と、黒人という「スティグマのサイン」

が錯綜しているために、相手は黒人を2級市民として見るべきか、それとも白人エリート層と同じように接するべきかと混乱します。この2つの特徴が、アイデンティティを混乱させるものと考えられるのです。
　「世評」「スティグマ」「アイデンティティを混乱させるもの」は、制度化された社会的情報を伝達する記号であり、その場限りで終わるものではありません。その場限りで世評を高めるものは得点、そして貶めるものは失点と言います（E. Goffman 1963＝1970（2012）: 84-85）。記号の「永続性」と「非永続性」は、スティグマと大きな関わりを持っています。

　　社会的情報を伝達する記号は、それが生得的であるか否かによって、またもし生得的でなければ一度使われた場合、それらが当人の永続的な部分になるか否かによって、相違を生ずる（肌の色は生得的であり、烙印とか肢体の切断は永続的であるが生得的ではない。囚人の剃られた頭は生得的でもなければ、永続的でもない）。右のこと［上述］により重要なことは、社会的情報を伝達するためにのみ使用されている非永続的記号は、その社会的情報を搬んでいる人間の意志に反して使用される場合もあるし、また使用されない場合もある。使用される場合は、それらの記号はスティグマシンボルであることが多い。（E. Goffman 1963＝1970（2012）: 86）

　さらに、社会的情報には「一緒に」という観念があります。スティグマには属性の側面だけでなく、関係性の側面が見られるのはこのためです。

　　それはわれわれの社会において〈一緒に〉という関係がもつ情報機能的性質である。誰かと〈一緒に〉いることは、その誰かと同伴して何らかの社会的機会に遭遇すること、彼と街を歩くこと、彼と連れ立ってレストランに行くこと、などである。問題となる点は、事情によっては個人が一緒にいる仲間の社会的アイデンティティが、彼自身の社会的アイデンティティについての情報源として利用できるということである。と

いうのはこの場合に彼の素性は〔一緒にいる〕他の者たちの素状と同じという仮定が働くからである。(E. Goffman 1963＝1970(2012): 87-88)

　この引用文で述べられている「同伴する人」とは、「その場に居合わせる人」という意味で「付き合いのある人」という意味ではありません。「その場に居合わせる」という条件が偶然であれ、意図的であれ、ある人と「一緒にいる」という行為自体に、社会的意味が付与されるのです。この社会的意味は、その場に居合わせた記号が「世評」や「スティグマ」のどちらかに解釈されることによって、自分への得点(ポイント)、または失点(スリップ)へと繋がるのです。
　では実際に個人のスティグマを、我々はどのようにして気付くのでしょうか？　要するに、スティグマがスティグマというシンボルとして認識されるには、その記号を発信する側だけでなく、その記号を受取る側にも、発信された記号を、社会的に望ましくない象徴(サイン)であると認識できることが、前提として必須です。ゴッフマンは、スティグマが社会的に望ましくないサインとして呈示されていることを「可視性(ビジビリティ)」と言い、スティグマの可視性(ビジビリティ)を他の要素と混同することを「スティグマの可視性の問題」と論じました。
　スティグマの可視性は「ある人がスティグマをもっていることを〔他人に〕告知する手がかりをスティグマそのものにどの程度備わっているか」(E. Goffman 1963＝1970(2012): 88)によって、その度合が異なります。個人の欠点が表出して、世間に知れ渡ったとしても、相手や世間にその欠点が社会的なスティグマであるという予備知識がなければ、その欠点はスティグマとして成立しません。個人の欠点が目立ち、注目を浴びたとしても、相手と交流する上での支障がなければ、その欠点は問題になりません。つまり、スティグマの社会的意味を解釈できる「観察者(オーディエンス)」がいなければ、ある欠点はスティグマとしては成立しないのです。
　ところが、スティグマは個人の欠点と混同される傾向が見られます。ゴッフマンは、スティグマの可視性と混同される3つの概念について次のように述べています。

① 〈～のことが知られていること〉とは区別すること

　ある個人のスティグマを、他人が知っているかどうかは、そのスティグマが目に見えるというだけでは不十分です。他人がある個人の性格・噂など含む予備知識があること、たとえば以前交流した時にその人のスティグマを感じたことなどが前提として必要です。知識だけでなく、相互作用に基づいた経験があることで、スティグマは成立します。(E. Goffman 1963＝1970(2012): 90)

② 目立つこととは区別すること

　障がい（肢体、聴覚、言語）などは、時と場合によっては目立たないこともあります。肢体に障がいのある人が、車椅子ではなく、会議室の椅子に座って議論に参加していれば、周りの人はその人の脚に障がいがあることを忘れてしまいます。ところが、言語障がい者が会議で発言すると、その人が発言する度に周りの人はその人の障がいを気に留めてしまいます。スティグマの程度は、時と場合によって決定され、その欠点が目立っているという理由だけで、スティグマには捉えられないのです。(E. Goffman 1963＝1970(2012): 90)

③ 注目される焦点とは区別すること

　ある個人の欠点が、スティグマとして認識されるか否かは、その欠点に対して「他人が焦点をあてるか否か」と関係しています。例えば、ひどい傷痕は、営業など対面的な交渉事の時には、支障をきたす可能性があります。しかし、独りで仕事をする場合には何の問題も生じません。一方、脳性麻痺の場合は、独りで作業すること自体にも支障をきたすでしょう。つまり、個人がスティグマをどのように捉えているかだけではなく、他人がスティグマをどのように捉えているかも重要視されるのです。(E. Goffman 1963＝1970(2012): 91)

　さらに、スティグマの可視性の問題について、ゴッフマンは次のようにまとめています。

　　　可視性という問題は、別のいくつかの問題点、すなわち〔欠点のある〕

> 属性が熟知されていること、目立つこと、注目の焦点などとは区別されなくてはならないのである。以上の考察ではまだ、どこかで世間一般が見ているという暗然に自明とされている前提が検討されないままである。しかし後に明らかにするように、アイデンティティを暴露する専門家が〔その場に〕居合わせ、訓練を受けている彼は、素人たちが見逃すものをただちに感知するという場合もあろう。医師は、角膜にうす赤いしみがある、乱杭歯(らんぐいきん)の者を路上で見かけると、明らかにハッチスン症候群の中の2つを示し、恐らくは梅毒に罹(かか)っている人だと見破る。しかしながら、そこに居合せても医学的知識のない者たちは何らかの悪疾(あくしつ)をも認め得ない。したがって一般に観察者(オーディエンス)の記号解読能力が詳細に画定されなくては、可視性の程度を論ずるわけにはいかないのである。(E. Goffman 1963＝1970(2012): 92-93)

このようにスティグマの可視性は、その欠点の属性・特徴が表面に見られるという事実だけでなく、その記号の意味を同じように解釈できる人たちが存在することによって成立するのです。

スティグマのある人たちを、どのように分類することができるのでしょうか。ゴッフマンは「信頼を失った者 (the discredited)」と「信頼を失う事情のある者 (the discredible)」(E. Goffman 1963＝1970(2012): 18) に分けました。両者は必ずしも相互排他的ではありません。

> 3つのきわめて異なった種類のスティグマについて述べよう。第1に、肉体のもつさまざまな醜悪さ——つまりもろもろの肉体上の奇形がある。第2に、個人の性格上のさまざまな性格上の欠点があり、それらは意志薄弱、過度の、あるいは異常な情欲、頼りにならぬ信頼、かたくなすぎる信念、不正直などとして人びとに知覚されており、精神異常、投獄、麻薬常用、アルコール依存症、同性愛、失業、自殺企図、過激な政治運動などの記録から推測されるものである。第3に、人種、民族、宗教などという集団(トライバル)に帰属されるスティグマがある。それらのスティグマは家

表4-1 スティグマの類型と具体事例

	信頼を失った者の例	信頼を失う事情のある者の例
スティグマ1	極度の肥満や極度に痩せ過ぎている人たち、ひどい傷痕、奇形など	完全型アンドロゲン不応症の人たち（見た目は女性だが、XY型のDNAを持つ男性。またはその逆。）
スティグマ2	アルコール依存症のために、禁断症状がでると手が震えてくる人	覚せい剤所持・使用などで逮捕された前科がある人
スティグマ3	外出時にベールをかぶるイスラム教徒の女性	日本で本名ではなく、通名で生活する在日韓国人・朝鮮人・中国人

出典：筆者が独自に作成。

系を通して伝えられるものであり、家族の全員を一様に汚染するものである。(E. Goffman 1963＝1970(2012): 18-19)

　第1スティグマから第3スティグマを、それぞれ「信頼を失った者」と「信頼を失う事情のある者」とに分けて、具体的に考えてみましょう。

　スティグマ3の「信頼を失う事情のある者」の例に、日本で本名ではなく通名で生活する在日韓国人・朝鮮人・中国人を例に挙げました。日本人とほぼ同じエスニシティである韓国人・朝鮮人・中国人が、日本社会であえて本名ではなく通名を使って生活しているのは、自分達の出自を知られると、日本社会の多数派（マジョリティー）として受け入れられにくくなることを知っているからです。ゴッフマンは「少数民族出身者が〔民族的出自を隠すために〕する氏名の変更は、社会的アイデンティティの問題が焦点なのである（E. Goffman 1963＝1970(2012): 104）」と述べています。

　ところが、この行為を多民族国家であるアメリカ社会に置き換えてみると、異なった解釈ができます。東欧出身で、肌が白いホワイト・エスニシティの外国人を考えてみましょう。彼らがアメリカに移住すると、東欧系の本名ではなく、アングロ系の名前を通名として生活する場合が見られます。彼らは本名を知られ、東欧出身だと暴露されたとしても、さほど気にする必要はありません。アメリカ社会では、有色人種が社会的に不利な立場、つまり少数派（マイノリティー）なので、肌が白くて「ホワイト（white）」というカテゴリーに

入る東欧出身者は、たとえ出自が暴露されたとしても、有色人種のように不利益を被る恐れが少ないからです。

逆に有色人種である場合、たとえアメリカ国籍であったとしても、肌の色が白くないという見た目の事実に加え、歴史的に虐げられた集団（奴隷・移民労働者など）としての意味が付与されるため、アングロ系の通名を採用したとしても「見た目の違い」そのものが、スティグマになる場合が見られます。

もし「暴露されたら信頼を失うかもしれないスティグマ」を抱える者が、そのスティグマに関する情報を管理・操作することができれば、社会で常人（ノーマルズ）として振る舞えます。このように、素性を隠しての越境、つまりスティグマのカテゴリーから常人（ノーマルズ）のカテゴリーに踏み入ろうとすることを「パッシング（passing）」といいます。逆に、信頼を得ることができる情報を隠すこともパッシングの一種ですが、ゴフマンはスティグマに関係のあるパッシングだけを取りあげています（E. Goffman 1963＝2012: 81）。未知の相手に遭遇した場合、その相手を十把一絡げ（カテゴライズ）にするか、あるいは相手を紋切り型（ステレオタイプ）に分類して相手と深く接しない場合は、パッシングは起こりません。一方、互いの欠点までよく知り尽くした親密な関係である場合も、パッシングは起こりません。親密な関係の場合、相手のスティグマまでも理解して受け入れているからです。

スティグマの管理・操作が問題となる場面は、未知または少し知っている程度の人びとと接触する機会の多い公共の場においてだと、ゴフマンは述べています（E. Goffman 1963＝1970(2012): 99-100, 139-140）。そして、越境（パス）は段階を踏んで行われます。

　　個人の世界は、禁断の場所、公共（シヴィル）の場所、日陰の場所に分割されているので、それぞれの場所に応じて彼が情報戦略をどのように選択しようと、スティグマを人に示すこと、あるいは人に隠すことから生ずる犠牲の程度、またスティグマが人に知られること、あるいは知られないこと、の意味も異なってくる。

　　個人の社会空間（spatial world）は多様な区域に分割されているが、その分割は社会的アイデンティティおよび個人的アイデンティティの管

理／操作に関係あるこれらの区域に固有の種々の偶発的与件に基づいて行われる。

　すでにスティグマのある人の学習過程には2つの段階があることが指摘された。まず常人の視角を習得(ラーン)し、次にその視角より見て彼が失格していることを理解(ラーン)するという2段階である。恐らくこの次は、彼が正しくその種の人間であると証明された種類の人間を他人が処遇する仕方に適応することを学習(ラーン)するという段階である。さらにその後には現在の私の関心事、越境を会得(ラーン)する段階がくる。（E. Goffman 1963＝1970(2012): 137, 141-142）

　人間は、自分にとってマイナス方向に見られる欠点を、他の記号に目をそらさせることによって、自分をプラス方向に解釈できるように装います（E. Goffman 1963＝1970(2012): 161）。この手法の一つを擬装工作(カバリング)と言います。社会で少数派集団に属する人たちの擬装工作(カバリング)について、ゴッフマンは次のように述べています。

　　擬装工作に、スティグマの中心と見なされる欠点を人前で晒(さら)すことを控える努力がある。…この種の擬装工作は、少数民族集団に所属する人びとが用いる〈同化の〉（assimilative）手法の一つの重要な側面であることに注意すべきである。変名するとか鼻の型を変えるという手だての背後にある意図は、ただ単に越境することだけを目指しているのではなく、周知の属性が際立ち人目につくのを押えようということである。人目につけば、スティグマに視線を向けられずにすむ気楽さを維持するのは、ますます困難になるからである。

　　自分たちのスティグマが目ざわりになるのを最低限度に押えようという気持ちが多少なりともある場合、自分の〔不器用な〕身ごなしを改良するにはどのような線に沿って改良しなければならないかを知るために、相互交渉過程の構造をよく理解しなくてはならないだろう。彼らの努力から、この種の努力がなければごく当然のこととして注意も払われずに

終わる相互交渉過程の諸相を、われわれは理解できるようになるのだ。
（E. Goffman 1963＝1970（2012）: 174-175）

次に「告白」という手法があります。告白とは、スティグマを持つ者が、すでに親密な関係になっている人びとに自分の秘密を告げ、仮面を被っていたことに対して許しを請うことによって、新たに関係を築くことです。今まで築き上げた関係を、壊さずに受け止めてもらえるという確信がなければ、告白は行われません。

> 親密な者たちは信頼を失う事情のある者の擬装を助けるばかりではなく、この役目を受益者がわかっている以上に遂行しているということである。事実、親密な者たちは彼の庇護者集団として働き、実際以上に常人として充分受け容れられていると彼が考えるのを許容するのである。親密な者たちは当人自身が気づいている以上によく、彼の特異性や問題に気づいているのだ。（E. Goffman 1963＝1970（2012）: 165）

スティグマを持つ者から告白され、その事実を受容した者は、スティグマを持つ者のサポーターとなり、社会に受け入れられやすいように、手助けをしてくれます。このようにスティグマの問題とは、当人だけの問題ではなく、当人を取り巻く環境も合わせて考察する必要があります。

> すなわちスティグマのある人がパッシングなどという手段は考えず、もし自己の現在を肯定し自尊心をもつならば、自己の秘密を隠す必要はないと考えるに至るはずである、ということだ。努力しても隠せるようになったものではあっても、隠さないですますこともできるようになるのである。
> 　（多くの場合知られているが、あるいは一見して判然としているので）スティグマのあることを率直に認めることのできる人びとは、率直に認めはしてもなおそのスティグマが人の目に大きく映らないように大変努

力するという事実である。(E. Goffman 1963＝1970(2012): 172-173)

　要するに、周りの人が腫れ物に触るような行動をしなければならなくなるほど、個人が自分のスティグマを気にするのが間違いであり、それほど気になるのなら、目立たない努力をするように、とゴッフマンは述べています。
　この引用文には、ゴッフマンの問題意識が明確に現れています。ゴッフマンは、スティグマという社会的烙印の根源を、個々人の交流過程に基づいて分析することに興味があるだけであり、そこから導かれた分析結果を用いて、社会でマイノリティーの虐げられた立場を是正しようとする意識は見られません。
　もう一つの興味深い特徴として、ゴッフマンの理論には機能主義的な側面が見られることが挙げられます。

　　スティグマの種類如何によっては著しく違ったその他の機能が含まれているらしい、という点も看過されてはならない。道徳的に芳しくない記憶をもつ人びとにスティグマを帰属させることは、形式的社会統制として機能している。特定の人種集団、民族集団、宗教団体の成員にスティグマを帰属させることは、これらの少数集団を種々の競争の行われる通路から遠ざける一つの手段として機能してきたことは明らかである。身体的障がいをもつ人びとを貶め賤しむことは、おそらく配偶者選択の範囲を狭めるように機能していると解釈することができよう。(E. Goffman 1963＝1970(2012): 233)

　つまりスティグマとは、一人の個人の行動に見られる平均的な行為と逸脱行為を区別する指標であり、人と人との出会いや接触(コンタクト)から生まれる標準的・非標準的な行為をどのように区別されているかを判断する際に役立つツールなのです。
　1950年代のアメリカで流行した機能主義社会学を、批判する立場にいたゴッフマンですが、彼の著書の中で機能主義的な考え方を示しているのは、非常に興味深いことです。このことから、機能主義という研究視点が、この時代

の社会学者に大きな影響を及ぼしていたことがわかります。

Sociological Application　本当にアジア系アメリカ人は理系志向？

　2008年6月10日付のニューヨークタイムズ紙の記事では、アジア系アメリカ人（Asian Americans）と太平洋信託統治諸島の人びと（Pacific Islanders）に対する模範的少数民族（model minority）という固定概念(ステレオタイプ)について取りあげています。アメリカ社会では、アジア系アメリカ人は理系科目に強く、理系志向の学生が多いと言われています。ところが、ニューヨーク大学とアメリカの大学入試センター（College Board）が調査したところ、2003年に学士号を取得したアジア系アメリカ人のうち、工学分野での取得した人達は全体の21.8%、自然科学分野では6.2%、健康科学分野では30%でした。残りの70%のアジア系アメリカ人は、経営管理、社会科学、人文学の分野で学位を取得していました。科学、技術、工学、数学の分野（science, technology, engineering, mathの頭字語をとりSTEM）で、2003年に博士号（Ph.D.）を取得したアジア系の人達は32%でした。ところが、この内の80%はアジア地域からの留学生であり、アジア系アメリカ人ではなかったのです。理系志向の高い学生とは、アジア地域からの留学生であり、アジア系アメリカ人ではないことが判明しました。

　社会学者のW. ピーターセン（W. Petersen）は、1966年に「日系アメリカ人の成功物語（"Success Story, Japanese-American Style"）」というエッセーを、ニューヨークタイムズ紙で発表しました。この中でピーターセン教授は、日系アメリカ人が第二次世界大戦後からの20年の間に、白人のアメリカ人に近い成功をおさめていることを述べました。

　　黒人と同様、日系人は有色人種として差別された。ユダヤ人と同様、日系人は非常に有能なライバルとして恐れられ、そして嫌われた。日系人は海外の敵［日本］の手先として見られた。保守派、リベラル派、ラ

ディカル派、地元の警察官、連邦政府、最高裁判所は、日系人の基本的な権利を与えないために連携した。最も悪名高いのは、第2次世界大戦中に日系人を強制収容させたことである。

　一般的に、［アメリカ社会での］このような扱いによって「マイノリティー問題」と呼ばれるものが生じるものである。

　ところが、日系アメリカ人の歴史は、エスニック・マイノリティーに対するこのような一般化［された態度］に挑んでいる。戦後、ほんの20年の間に、このマイノリティー［日系アメリカ人］は偏見的な非難さえも物ともしなかった。

　日系アメリカ人は、我々の社会［アメリカ社会］の中のどの集団よりも、これにはアメリカ生まれの白人も含まれるが、優れた集団である。日系アメリカ人は、この卓越した記録を誰の助けも得ずに自分達の手で達成した。(W. Petersen 1966: 20-21)

「日系アメリカ人の成功物語」の内容は、他のアジア系アメリカ人にも派生しました。そして、アジア系アメリカ人を「モデル・マイノリティー」、つまりアメリカ社会の他の少数派集団(マイノリティ)の模範(モデル)、として褒め称えるようになりました。アジア系アメリカ人は、マイノリティーでありながら、高学歴・高所得であり、犯罪に手を染めることもなく、日々懸命に努力して、アメリカ社会の成功者としての地位を確立することができたので、他の少数派集団（黒人やヒスパニック系アメリカ人）も、アジア系アメリカ人のように努力して、貧困から抜け出すようにとの意味が込められています。つまり、黒人とヒスパニック系アメリカ人が、低学歴・低所得で犯罪率が高い集団であるのは、個々人の努力が足りないせいだという批判の根拠として使われる場合があります。

　アジア系アメリカ人のステレオタイプとしては、勤勉、大人しい、口答えをしない、理数科目に強い、頭が良くて金持ちであるなどが挙げられます。そのため、アジア系アメリカ人に対しての積極的差別是正措置(アファーマティブ・アクション)が不要であるという議論があります。アファーマティブ・アクション制度とは、アメリカ合衆国内での企業、団体、学校が人種、出身国、性別などを理由に雇用や教育上の差別

を行わないように指導し、さらに黒人をはじめとする、今までアメリカ社会で差別を受けてきた少数派集団や、女性の社会的地位向上のために、雇用や教育に関わる場面で、積極的な優遇措置をとることを義務づける制度です。アメリカ社会で少数派集団が大成しない理由には、人的資本（学歴・技能）、社会資本（社会ネットワーク・コネ）、文化資本（エリート集団が共有する文化的価値・所作）の欠如が挙げられます。白人男性に比べて、有色人種と女性にはハンディがあるので、それを考慮した上で採用するようにと、企業や教育機関に義務づけているのです。

　ところが裏を返せば、少数派集団や女性を積極的に優遇することは、白人男性を積極的に差別することであるとも考えられます。1996年には、アファーマティブ・アクション制度の廃止を訴える、カリフォルニア州住民提案209号が住民の54%の賛成で可決されました。翌年の1997年、カリフォルニア州でアファーマティブ・アクション制度は廃止されました。1998年には、同様の法案がワシントン州で成立し、2000年には、フロリダ州議会が、大学入試においてアファーマティブ・アクション制度を採用することを禁止する法律を制定しました。

　実際、アジア系アメリカ人は大学入学試験で、他の人種集団に比べて優秀な成績をおさめるので、合格者の人種バランスを保つために、アジア系アメリカ人の点数は叩き下げられる傾向があります。T.J.エスペンシェード（2009）の調査によると、アメリカの私立大学の入学試験において、アジア系アメリカ人は大学進学能力基礎テスト（Scholastic Assessment Test（SAT））の点数が、白人よりも140点高くなければ合格できないのですが、黒人だと白人より310点低くても合格できることが明らかになりました。つまり、アファーマティブ・アクション制度を廃止することで、白人が恩恵を受けるのではなく、アジア系アメリカ人に対して優位に働くことを示しています。この調査結果から、アジア系アメリカ人へのアファーマティブ・アクション制度は不要であるとも考えられます。

　しかし、アジア系アメリカ人に対するアファーマティブ・アクション制度を廃止しようとする動きに、アジア系アメリカ人と太平洋信託統治諸島系アメ

リカ人のコミュニティ（Asian Americans and Pacific Islander Community（AAPIC））は警鐘を鳴らしています。2008年、ニューヨーク大学とアメリカの大学入試センターが行った調査によると、アジア系アメリカ人と太平洋信託統治諸島系アメリカ人（Asian Americans and Pacific Islanders、頭字語はAAPI）は、アメリカ社会で思われているほど、高学歴で裕福なわけではないことが明らかになりました。

図4-1は、1987〜2004年におけるアメリカの高等教育機関入学者数の推移を表しています。これを見てみると、アフリカ系アメリカ人やヒスパニック系

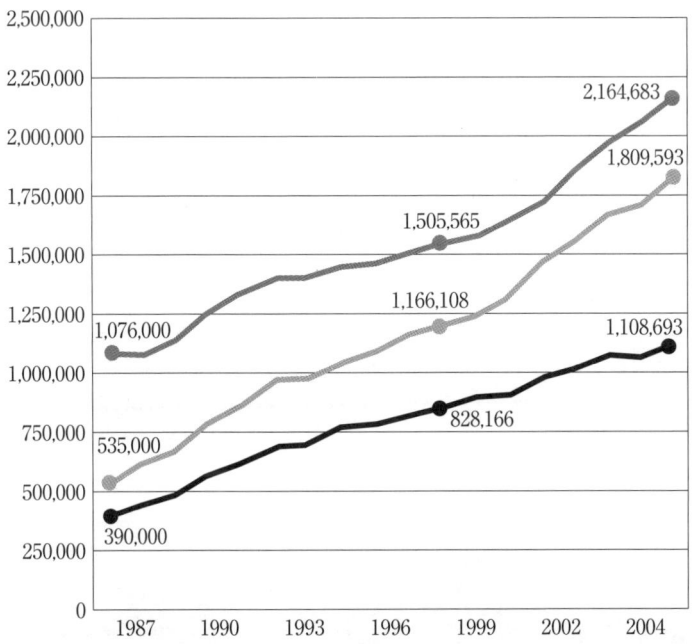

●アフリカ系アメリカ人　●ヒスパニック系　●アジア系アメリカ人／太平洋信託統治諸島系

Source: *Asian Americans and Pacific Islanders Facts, Not Fiction: Setting the Record Straight.* Copyright © 2008. The College Board. www.collegeboard.org. Reproduced with permission.

図4-1　人種別アメリカ高等教育機関の入学者数（1987-2004）
出典：National Commission on Asian American and Pacific Islander Research in Education and College Board. 2008. "Asian Americans and Pacific Islander: Facts, Not Fiction: Setting the Record Straight," p.5.

アメリカ人の進学者数も増えていました。

　確かに絶対数では、アジア系アメリカ人の進学者数が一番多いのですが、伸び率を見てみると、ヒスパニック系アメリカ人の進学者数は急速に増加しています。ヒスパニック系アメリカ人の大学進学者数は、1987〜2004年の間で3.4倍増加していましたが、アジア系アメリカ人は2倍、アフリカ系アメリカ人は2.9倍しか増加していません（College Board 2008: 5）。

　アメリカの高等教育機関で、アジア系・太平洋信託統治諸島系アメリカ人が優勢を占めているように見えるのは、ニューヨーク州、カリフォルニア州、テキサス州と、特定の地域の大学に進学する人達が多いからです。図4-2は、アメリカの高等教育機関の種類別に、アジア系アメリカ人の入学者数を分けたものです。

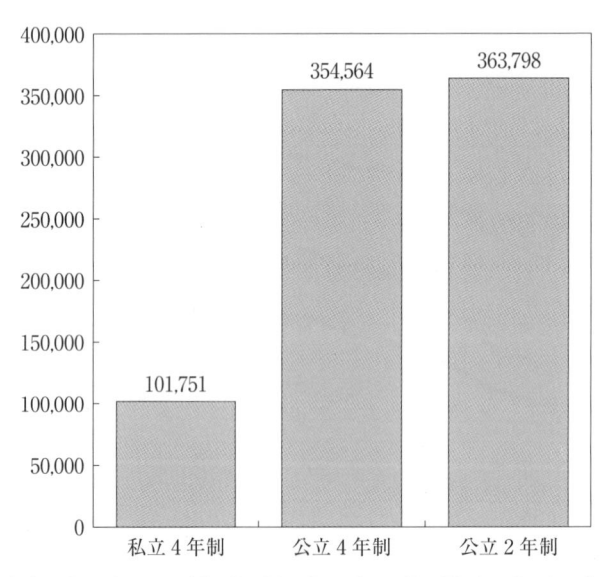

Source: *Asian Americans and Pacific Islanders Facts, Not Fiction: Setting the Record Straight*. Copyright ©2008. The College Board. www.collegeboard.org. Reproduced with permission.

図4-2　高等教育機関の種類別アジア系アメリカ人の入学者数、2000年
出典：National Commission on Asian American and Pacific Islander Research in Education and College Board. 2008. "Asian Americans and Pacific Islander: Facts, Not Fiction: Setting the Record Straight," p.9.

アメリカ教育省の調べによると、アジア系・太平洋信託統治諸島系アメリカ人のうち、2000年の時点で「4年制私立大学」に通っていた人数は10万1,751人、「4年制公立大学」に通っていた学生数は35万4,564人、「2年制公立大学」には36万3,798人通っていました。つまり、私立大学よりも、公立の大学に通う人たちの方が多いことが示されています（College Board 2008: 9）。

1990～2000年の10年間において、アジア系・太平洋信託統治諸島系アメリカ人の4年制公立・私立大学、2年制公立大学との進学伸び率を比較してみると、2年制公立大学進学率は73.3%伸びていることに対して、4年制私立大学は53.4%、4年制公立大学は42.2%でした。さらに、2年制公立大学への進学伸び率を地域別に見てみると、南部で86%、中西部で75.2%と高い伸び率が見られました（College Board 2008: 9）。

また、高学歴・高収入の両親を持つアジア系・太平洋信託統治諸島系アメリカ人は、大学進学能力基礎テスト（SAT）で高得点を取る傾向があるので、一流私立大学に進学する場合が多く見られます。たとえば、大学院を卒業した両親を持つ生徒たちのSAT語学テストの平均は562点、年収100万ドル以上の高所得の両親を持つ生徒たちのSAT語学テストの平均は570点でした（College Board 2008: 10）。

さらに、アメリカ国内の高校を卒業したか、それともアメリカ国外の高校を卒業したかによって、SATの言語テストと数学テストの点数に差が見られました。図4-3を見てみると、アメリカ国外の高校から卒業した、アジア系・太平洋信託統治諸島系アメリカ人の方が（SAT数学テスト650点 SAT語学テスト635点）アメリカ国内の高校を卒業した生徒たちよりも高い点数を出しています（College Board 2008: 12）。

アメリカ国内の高校の授業は、SATテストで高得点を取れるレベルではないのか、あるいはアメリカ国内の高校生はSATテスト対策を、アメリカの大学へ留学を希望する高校生たちほど行っていないのかもしれません。要するに、一流私立大学の理系学部に進学しているアジア系・太平洋信託統治諸島系アメリカ人という括りの中に、アメリカ国外からの留学生が入っている可能性が高いのです。このことから、アジア系・太平洋信託統治諸島系アメリカ人が

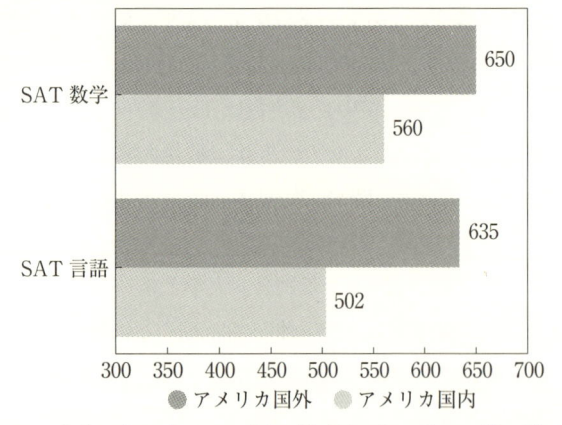

[図: SAT数学 アメリカ国外650、アメリカ国内560／SAT言語 アメリカ国外635、アメリカ国内502]

Source: *Asian Americans and Pacific Islanders Facts, Not Fiction: Setting the Record Straight.* Copyright ©2008. The College Board. www.collegeboard.org. Reproduced with permission.

図4-3　アメリカ国内・アメリカ国外の高等学校別アジア系アメリカ人の入学者数、2000年
出典：National Commission on Asian American and Pacific Islander Research in Education and College Board. 2008. "Asian Americans and Pacific Islander: Facts, Not Fiction: Setting the Record Straight," p.12.

理系分野に優れているとは言い難いのです（College Board 2008: 12）。

　「アジア系・太平洋信託統治諸島系アメリカ人」という言葉は非常に大雑把であり、個々の集団の歴史や文化をまったく考慮せず、十把一絡げにしたカテゴリーです。出身国によって、学歴や所得に差が見られるにもかかわらず、見た目がアジア系・太平洋信託統治諸島系であるという理由だけで、その人達は高学歴で高収入の職に就いていると見られてしまいます。

　「アジア系」という見た目は、アメリカ社会では「信頼を失った者」の「人種・民族・宗教などの集団」に帰属されたスティグマです。失われた信頼を回復するために、第2次世界大戦後のアメリカ社会で、日系アメリカ人は懸命に働き、日々努力を重ねてきました。その結果「失われた信頼」を、ある程度回復することができました。「日系」「アジア系」というスティグマから、肯定的なサインを築くことができました。

　ところが、この肯定的なサインによって、アジア系・太平洋信託統治諸島系アメリカ人を、アメリカ社会では庇護する必要のない対象へと分類されるこ

とになりました。この事実は、スティグマの内容そのものが問題ではないことを示しています。要するに、特定の人種集団、民族集団、宗教集団の構成員に対して、何らかのスティグマを付与し、それを理由に主流社会から排除することが目的なのです。この点が、ゴッフマンが指摘した「スティグマの機能性」(E. Goffman 1963＝2012: 233) の側面を表しています。

　アジア系アメリカ人の子供たちの中には、モデルマイノリティ・ステレオタイプに苦しめられている人たちもいます。「アジア系アメリカ人だから、頭が良くて、理系科目が得意で当たり前」という周囲や家族の期待が、本人へのプレッシャーとなることも考えられます。「アジア系アメリカ人は勤勉で優秀」という肯定的な見方であったとしても、個々人の捉えられ方しだいでは、否定的な結果を招く場合があるのです。

　このように、モデルマイノリティ・ステレオタイプの事例は、人種・民族のスティグマを、肯定的なサインに導けばマイノリティー問題は解決するわけではないという、人種・エスニシティの問題の複雑さを示しています。「アメリカ社会の成功者」として、自分をプラス方向に見せ、「世評」として機能するはずの「アジア系アメリカ人」という人種の属性が、必ずしも個人のアイデンティティをプラス方向に導くわけではないのです。

記述問題

(1) スティグマ、パッシング、カバリング、モデル・マイノリティーの定義を述べなさい。
(2) 日本社会の中で「肯定的なステレオタイプ（positive stereotype）」「否定的なステレオタイプ（negative stereotype）」として考えられる事例を挙げ、それぞれが個人に与える影響について考察しなさい。
(3) Facebook、LINE、MIXI などのソーシャル・メディアの「ともだち」というカテゴリーを、「一緒に（ウィズ）」「世評」「スティグマ」という概念を用いて分析しなさい。

参考資料

アービング・ゴッフマン著，石黒毅訳『スティグマの社会学―烙印を押されたアイデンティティ』せりか書房，2012年.

Petersen, William. 1966. "Success Story, Japanese-American Style." *The New York Times*, January 9. Retrieved on August 4, 2013 (http://inside.sfuhs.org/dept/history/US_History_reader/Chapter14/modelminority.pdf).

Lewin, Tamar. 2008. "Report Takes Aim at 'Model Minority' Stereotype of Asian-American Students." *The New York Times*, June 10. Retrieved on May 20, 2013 (http://www.nytimes.com/2008/06/10/education/10asians.html?_r=0).

National Commission on Asian American and Pacific Islander Research in Education and College Board. 2008. "Asian Americans and Pacific Islander: Facts, Not Fiction: Setting the Record Straight." New York: The College Board. Retrieved on August 4, 2013 (http://professionals.collegeboard.com/profdownload/08-0608-AAPI.pdf).

第5章

A.R. ホックシールド‐感情労働

Sociological Concepts　管理される心

　アーリー・ラッセル・ホックシールド（Arlie Russell Hochschild 1940年1月15日生まれ）は、アメリカ合衆国出身の社会学者で、元カリフォルニア大学社会学部の教授です。1962年にスワースモア大学で国際関係の学士号を取得後、1965年にカリフォルニア大学大学院バークレー校社会学研究科で修士号（M.A.）を、そして1969年に博士号（Ph.D.）を取得しました。著書には『管理される心‐感情が商品となるとき』（2000[1983]）、『セカンド・シフト 第二の勤務‐アメリカ共働き革命のいま』（1990[1989]）、『タイム・バインド（時間の板挟み状態）働く母親のワークライフバランス‐仕事・家族・子どもをめぐる事実』（1997[2012]）などがあります。長年にわたり、女性の労働生活・労働環境について研究してきました。感情社会学（sociology of emotion）という、新しい社会学の分野を作った草分け的な存在でもあります。

　従来の社会学の中で感情とは、個々人の感覚や観念によって形作られた、一時のある対象に対する価値であり、社会の全体を理解する上では不要であると考えられてきました。ところがホックシールドは、感情とは人から自然と湧き出るものではなく、社会の中で構築されたものであることを指摘しました。人はどのような時に感情を表すのか、あるいは感情を押し殺すのかという行動を観察することで、ある社会における感情の文化的側面を明らかにすることができると考えたのです。感情の表現方法とは、社会化の一貫として各自が学ぶプ

ロセスであり、またある社会の構成員であることを証明する象徴であるのです。ホックシールドはこれを感情規則(エモーショナル・ルール)と名付けました。

感情規則とは何か？
　私たちはどのようにして感情規則を認識するのであろうか？　それは、自己が自身の感情をどのように査定しているのかを調べ、他人が自分の感情表現をどのように査定しているかを推測し、そして自分自身や他人が発するサンクションを確認することによってである。さまざまな社会的集団は感情規則を認識したり、規則を思い出させるものを提供したりする特有の方法を持っているだろうし、規則それ自体も集団によってさまざまであろう。全体として、女性、プロテスタント、中流階級の人びとは、男性、カトリック、下層階級の人びとに比べて自分自身の感情を抑制する習慣を育んでいると私は推測している。私たちの文化は男性よりも女性に対して、行為よりもむしろ感情に焦点を合わせるように促す。そしてプロテスタントを、媒介的構造物としての教会による承認や秘跡や告白から自由な、神との内なる対話へと招く。また中流階級的な職業に就く人を、サービス業での感情を管理する仕事へと導く。文化がこうしたことをする限り、私たちが感情規則を認知するその方法は、自分が社会のどの場所に位置しているのかを反映する。確かに、人びとが感情規則や感情作業について抱く関心の程度は、これらの社会的区分に従う傾向にあるかもしれない。(A.R. Hochschild 1983＝2000: 65-66)

　私的生活の場では、感情は自分と自分に関係のある人たちと交流する中で、互いに分かち合うという形から感情に対する価値を付与し、また交換します。ところが、ホックシールドが特に関心を寄せるのは、公的な場所、特に労働の現場において、個人の感情がどのように管理され、そして貨幣価値を生み出しているかを見いだすことです。

　19世紀の工場労働者の労働力とは、自らの肉体を酷使して生み出した貨幣価値でした。現代社会では、工場労働よりも対人サービス労働の方が増えたた

めに、労働者たちは肉体だけでなく、自分たちの「心」を酷使した労働力を提供することで、貨幣価値を生み出しています。つまり現代の労働現場では、感情が商品化されており、対人サービスの労働者たちは、客に自分たちの「心」を売ることで生計を立てています。これを、工場労働現場で見られる肉体労働にならって「感情労働」といいます。

　ホックシールドは感情労働について、19世紀の壁紙工場で働く少年と、20世紀の航空会社で働く客室乗務員の状況を比較して、次のように述べています。

> 　壁紙工場で少年が行っていた労働は、精神と腕、精神と指、精神と肩との協調を必要とする。私たちはそれを単純に肉体労働と呼ぶ。客室乗務員は、重いカートを押して通路を通るときには肉体労働を行うし、緊急着地や脱出の準備をしたり、実際にそれを実施するときには頭脳労働を行う。しかしこうした肉体労働や頭脳労働を行っているなかで、彼女は何かもっと別のこと、言ってみれば私が〈感情労働〉と定義することをも行っているのである。この労働を行う人は自分の感情を誘発したり抑圧したりしながら、相手のなかに適切な精神状態－この場合は、懇親的で安全な場所でもてなしを受けているという感覚－を作り出すために、自分の外見を維持しなければならない。この種の労働は精神と感情の協調を要請し、ひいては、人格にとって深くかつ必須のものとして私たちが重んじている自己の源泉をもしばしば使いこむ。
> 　身体労働と感情労働の間には相違点もあるが、実は仕事をこなすために労働者が負担しなければならないコストは類似している。労働者がその労働を行うために使用する自分のなかのある側面－身体または精神の周辺部－から引き離されたり疎外されたりする可能性がある、ということだ。(A.R. Hochschild 1983＝2000: 7-8)

　現代は、情報やサービスを製品のように生産し、販売する情報経済社会です。情報・知識・サービスなどを扱う第3次産業の占める割合が高まった社

会を「脱産業社会(ポスト・インダストリアル・ソサイエティ)」とも呼びます。脱産業社会では、製品を作り出す製造部門よりも、製品に付加価値を付与して売る、企画・販売部門が強化されたことにより、機械を動かして製品を製造する職種よりも、会社組織が滞りなく機能するように雑務を担当する、事務職やシステム・エンジニア職、対人サービス提供を主とする販売職が増加しました。このような職種の中には、肉体労働だけでなく、自分の感情を適切に管理した上で働くことを要求されるものもあります。現場で働く時に、顧客や同僚から求められる適切な所作（顔の表情、仕草、言葉遣いなど）を、教育指導や研修という形式を通じて、上司から部下に伝達するのです。このように現代社会では、ただ労働力を提供すればよいのではなく、自分の感情を上手く管理しながら働かなければなりません。

　　客室乗務員にとって微笑むことは〈仕事の一部〉であり、そこでは彼女が自分の仕事を労なく行っていると見せるために、自己と感情を調和させることが求められている。楽しもうと努力しているのを人に見せてしまうのは出来の悪い仕事である。同じように、疲れや苛立ちをごまかすことも仕事のうちである。思わずそれらを見せてしまえば、乗客の満足という生産物は台無しになる。少なくともしばらくの間、それができるのなら、疲れや苛立ちを意識の外に押しやる方が爆発してしまうより楽なので、感情労働を動員してこの神業を達成するのである。
　　［現在では］声と声や対面でなされるサービスの提供が労働の象徴的な存在となっており、客室乗務員がその種の仕事の典型なのである。もちろん、対人サービス的な仕事はいつの時代にも存在した。では何が新しいのかというと、今や彼らは社会的に制御され、徹底的に組織されているということである。（A.R. Hochschild 1983＝2000: 8-9）

　現代は、感情の商品化、すなわち感情の売買を組織的に広範に推し進める社会なのです。女性と男性とが異なる感情作業(エモーショナル・ワーク)を行う理由について、ホックシールドは4点挙げています。

① 女性は男性に比べると他の資源を持っていません。そのため「女性は自分の感情から作りだした資源を男性に贈り物として提供し、見返りに自分たちに不足している物質的資源を獲得している」(A.R. Hochschild 1983＝2000: 187) ので、女性にとって感情を管理する能力と、対人関係を管理する能力は重要なのです。

② 女性と男性とでは、感情作業の質が異なります。この違いは、ジェンダーの違いから生じるものです。小売店の販売員、ウェイトレス、客室乗務員、ケア労働者（保育士、看護士、介護士）、ツアーガイド、ホテルの受付、秘書など、個々人の感情を気遣うことをモットーとする仕事では「心配り」が商品化されています。主に女性が多く見られる職種です。

　一方、借金の取立屋のように個人に恐怖心をあおる仕事は「怒り」を商品化しています。男性に多く見られる職種であり、女性の借金取立屋はあまり見かけません。この違いは、幼少の頃から異なる精神的訓練が施されているからです。(A.R. Hochschild 1983＝2000: 187-188)

③ 女性は、スケープゴートにされやすい傾向があります。これは、女性は一般的に従属的な立場に置かれているためです。女性は、他人のいわれなき感情表出に対して「無防備」となりがちです。(A.R. Hochschild 1983＝2000: 188)

④ 性別間の権力の格差から、企業は「管理された心」の男女で異なる部分に商業的価値を見いだします。その部分だけに貨幣価値を付与し、彼女・彼の感情だけを利用することで、企業は利益を得ています。ホックシールドは次のように述べています。

女性は、性的魅力や美しさ、対人関係の技術等を防衛手段として、従

属に対処する。だが、企業が搾取するのは彼女らのこの能力なのであり、それゆえ女性は、この能力から疎外されるのである。「男性的な」職務についている男性は、主として怒りを感じたり、相手を脅したりする能力をより多く会社に提供しているので、結局、この能力から疎外されてしまう。(A.R. Hochschild 1983＝2000: 188)

このように、感情労働には「性的分業」と「労働疎外」の特徴が見られます。感情労働の性的分業とは、性差による感情の管理法、感情を販売することで得る賃金の違いを指します。また、性別によって特化・分担された職種も存在するので、男性領域と女性領域とに区分されていることを指します。

専業主婦であったとしても、女性が感情作業(エモーショナル・ワーク)を行うことは、アメリカ社会で生き抜くための技法の一つです。要するに、女性は自分の感情を、あたかも自然に見せていますが、すべてが計算に基づいているのです。

> 女性が男性よりも感情管理を〈より多く〉行うことは明らかである。巧みに作られた感情は自然にわき出る感情と表面上よく似ているため、状況に応じて自在に自分の感情を管理するという行為は、〈感情に影響されやすい〉という性質と誤解されやすい。
> とりわけアメリカの中流階級では、女性が感情管理を行う傾向がある。なぜなら、一般に女性たちは男性の経済力に頼っており、その借りを返すいろいろな方法の一つが、感情管理を余分に行うこと－〈特に他人の活動と地位を強調したり高めたり褒めたりするような〉感情作業をすること－だからである。
> 女性は他人の要請に自分を適応させ、男性よりも相手に協力する。
> 感情を表して他者に奉仕しようとしない女性は、このような愛想の悪い態度をとることで、いまだに「女らしくない」という観念に直面しなければならない。(A.R. Hochschild 1983＝2000: 189-190)

ところが、女性は従属的な立場であったとしても、決して受け身の姿勢でい

るわけではありません。女性たちの唯一の資源が感情なので、それを駆使して世の中を渡り歩けるように、相手を表敬する「心配り」という感情作業を幼少の頃から学びます。そして、時と場合に応じて適切に自分の感情を運用できるように訓練されているのです。

　女性が作り上げてきた感情の技術は装いの技術と類似している。…この装いの技術は、上昇移動への意欲を持ちつつもその機会に恵まれない者が駆使する技術である。他の地位の低い人びとにとってそうであるように、よりよい演技者になるということは女性にとっても利益になることであった。…この技術は長い間、ほんとうは女性自身が作りだしたものだというのに、むしろ「生来のもの」、女性「らしさ」の一部という間違ったレッテルが貼られてしまっている。
　非言語コミュニケーションや感情の非常に小さな駆け引きの重要性に敏感な女性たちは、民族的言語のようなものを獲得する。男性もこれを使うことが可能だが、一般的にはあまり巧みに使用されない。…それは手練手管で男を射止める話であり、男を自分に振り向かせ、夢中にさせるにはどうしたらよいのか、どのようにして男をその気にさせ、また男の気をそぐのかということについての言語である。古くから、女性のサブカルチャーの中では、従属はひしひしと理解されており、特に少女たちにとって、それは「宿命」であった。そこで、彼女たちは従属関係に適応するのだが、決して受動的ではない。彼女たちは積極的に、自分たちの感情を必要や目的に合わせて変化させる。しかも〈あたかも〉必要な感情を偶然感じたかのように見せかけながらそれを行うのである。感情を抱いているということが、何かを行うための手段となる。演技することは必要な技術であり、感情作業はその道具である。（A.R. Hochschild 1983＝2000: 191-192）

女性は、自分の目的達成のために「感情」を利用することが自然にできます。ところが、あまりにも自然に感情作業を行うために、アメリカ社会では、

女性が「感情的である」「神経が細やかである」「感情表現が豊である」という固定観念が定着しました。その結果女性は、「心配り」を商品価値とする職業に就くことが多くなったのです。

　感情管理の性差には、感情原則(ドクトリン・オブ・フィーリングス)も関係しています。感情原則とは、社会的地位の低い人びとの感情を、度外視する慣習を指します。この慣習を正当化する考え方には2つあります。1つ目は、社会的地位の低い人びとの意見は、たとえ筋が通っていたとしても、重要な人物ではないので、その意見に耳を貸す必要はないという考え方です。2つ目は、意見そのものが不合理な内容なので、無視すればよいという考え方です（A.R. Hochschild 1983＝2000: 198）。例えば、上司が部下の意見を取り入れないのは、その部下が組織内では重要な人物ではないので、無視すればよいと捉えているか、あるいは部下が筋の通っていない意見を主張してきたので、耳を貸す必要もないと考えていると解釈できます。

　性別と社会的地位とでは、どちらが重要視されるのでしょうか？　従属的な社会階層である女性が、社会的地位の高い職を得た場合、男性以上に自分の感情を適切に管理することが求められます。

　　「政治の中の攻撃性－女性たちは二重基準によって裁かれているのか？」と題された論説は、女性の政治家たちについての調査結果を発表している。調査されたすべての人たちは、感情についての不平等が存在することを確信していると語っている。ニューヨーク州オーロラ市にあるウェルズ大学の学長、フランシス・ファーレンソールドは、「私たちは、絶対に癇癪(かんしゃく)を起こさないように気を付けなくてはなりません。例えば、ヘンリー・キッシンジャーは大騒ぎをやらすことができます－ザルツブルグで彼がしたことを覚えていますか？　しかし私たち女性は、いまだに自分の感情を抑えなければ、感情的で、気の変わりやすい、そして女性を表現するのに使われてきた他のいろいろな言葉を押し付けられる段階にあります」と述べている。公職にあるこれらの女性たちは、次の点について同意している。男性が怒りをあらわにするとき、その怒りは「合理的

なもの」と考えられるか、あるいは理解できる怒りだと思われる。つまり彼の怒りは、彼自身の弱さを表しているのではなく、心の内深くに秘められた信念によるものだというのである。女性が男性と同じ程度の怒りの感情を表現するとき、その怒りはたいてい、その女性の不安定な心の印として解釈されてしまう。一般的に女性は感情的であると信じられており、この固定観念こそが女性たちの感情を妥当でないものとするのに利用されているのである。つまり女性の感情は、現実の出来事に対する反応として受けとられるのではなく、ただ単に「感情的な」女性としての彼女たち自身を反映しているのにすぎないと考えられているのである。(A.R. Hochschild 1983＝2000: 198)

　女性の絶対的地位が低い社会において、女性が男性と同じように感情をあらわにして振る舞ったとしても、女性のとった行動が、男性と同じように解釈されることはありません。その女性は「感情的に振る舞う人だ」というレッテルを貼られ、「これだから女性は…」と女性全体の社会的地位を低めるという悪循環に陥るのです。
　この「女性らしさ」という社会的価値観は、職務内容にも負の影響を及ぼします。ホックシールドの調査によると、同じ客室乗務員という職業であっても、女性の客室乗務員には、乗客が気持ちよくフライト時間を過ごせるように「心配り」をすることが当然のように求められます。ところが、男性の客室乗務員の場合は、客室乗務員の指示に従わない乗客に対する対応をまかされることが多いのです。
　乗客には、男性の客室乗務員の方が女性の客室乗務員より権威があり、組織内の地位が高くみえるのです。この先入観があるために、乗客は男性の客室乗務員の指示には素直に従う傾向があります。一方、男性の客室乗務員は、乗客が客室乗務員の性別によって態度を変えることを知っているため、女性の客室乗務員よりも強く毅然とした態度で、乗客のクレーム対応に臨みます。
　女性の客室乗務員も、面倒な乗客に対応する時には、男性の客室乗務員にまかせた方が楽なので、男性の同僚に頼るようになります。つまり、男性の客室

乗務員は、女性客室乗務員の「盾（シールド）」（A.R. Hochshild 1983＝2000: 200）となります。男性の客室乗務員が女性の客室乗務員を、乗客のハラスメントから守る役割を担うのです。ところが、男性の客室乗務員がいなければ仕事がスムーズにできないという図式が成立すると、同じ職業であったとしても、男女の間で格差が生じます。男性の方に地位と権力があるように見えるのです。この男女間の格差を感じ取った乗客は、不満のはけ口を女性の客室乗務員だけに向けるようになります。男性が女性を守ろうとして「盾（シールド）」となったところ、女性の地位と権力を貶める結果となり、女性の客室乗務員にばかり乗客からのハラスメントが集中することになります。

　一方、男性の客室乗務員に問題を解決してもらおうと、女性が職場で男性に頼ることによって、女性の客室乗務員は後輩の男性の客室乗務員を指導するのが難しくなります。女性管理職に対して反抗意識の強い男性には、母親が子供に接する態度で臨むことが重要であると、ホックシールドは述べています。

　　ある若い男性乗務員は、特定の条件が満たされなければ－そして自分への敬意が表されない限り－女性からの命令には従わないと語った。…乗務員たちは、どんなに主任乗務員が「癇癪（かんしゃく）を起こしている」場合でも、男性より女性の方が主任の命令によく従うと考え、さらには女性の主任乗務員が権限を行使するときには、男性の主任よりも、部下に対して丁寧でなければならないという考えに同意する傾向があった。

　　地位と権威に対するこうした姿勢が、女性乗務員の間に代償的な反応を引き起こすこともあった。一つの反応は、さばさばしていて明るくきまじめな、カブスカウトの分隊女性指導者風のスタイルをとること－つまり、家庭生活の中に存在している女性的権威のモデルを借用し、この職業の場で成人男性を指導するにふさわしい立場として活用することである。この方針を採用することで、女性は自分の態度を、乗客や同僚が望むジェンダーの境界線の中に保つことができ、「威張り散らす人」や「癇癪を起こす人」といった非難を回避できる可能性があるのだ。

　　女性は、家庭で感情管理の訓練を受け、家庭から進出し、感情労働を

必要とする実に多くの仕事に就いた。一度彼女らが市場への進出を果たすと、ある種の社会的論理が作動する。社会全体の分業システムによって、〈どのような職に就いている〉女性も、男性より低い地位と小さな権限を割り当てられる。その結果、女性には「感情原則」に対抗する防御の盾が与えられない。(A.R. Hochschild 1983=2000: 206-208)

ホックシールドは、女性には自分達を防御する盾が与えられていないと述べていますが、引用文には一つの防御策が記されているようにも読みとれます。それは、女性が「女性」としての性的な要素を捨て、男性の性対象とはならない「母親」という役を演じることです。男性にとって「母親」は、心理的安心感や心理的快適さを与え、そして間違った時には正してくれ、どのような状況でも絶対的に自分を受け入れてくれる存在であると考える場合があります。男性が女性を「母親」のような存在と捉えることによって、女性主任が威張り散らし、癇癪を起こしたとしても、女性特有の感情的な表現のようには感じにくくなります。女性主任は、徹底的に「母親らしさ」を前面に出すことで、男性従業員を監督しやすくなるのです。

このように、現場の労働者たちは、自分たちの感情を管理することを強いられており、その管理の仕方は男女によって異なります。「感情労働」という言葉の背景には、企業が感情の管理方法を有効に組織化することで、感情労働から利益を生み出す仕組み作り出したことを示しています。「感情労働の市場」とは、労働者が使う言葉ではなく、企業の経営陣が使う言葉であり(A.R. Hochschild 1983=2000: 105)、感情労働者たちは、かつての肉体労働者たちが経験した労働疎外を肉体レベルだけでなく、感情レベルにおいても経験しているのです。

工場労働者が笑って製品を作ろうが、怒りながら製品を作ろうが、最終的なアウトプットに大差ありません。ところが感情労働の場合、労働者の表情・態度・所作そのものが商品となるために、肉体労働者以上に気遣いながら仕事しなければいけません。企業は労働者に対して、表層的ではなく「誠心誠意」を持って顧客に接するように求めます。

かつて私的なものであった感情管理の行為は、今では人と接する職業における労働として売られている。かつては私的に取り決められてきた感情規則や感情表現は、今では企業の業務規定部門によって定められている。かつては個人の特性であり、そこから逃げることもできた感情交換は、今では一般化され、避けることのできないものとなってしまっている。個人の生活ではめったになかった交換が、ビジネスの世界では常になされることになった。

資本主義が、感情を商品に変え、私たちの感情を管理する能力を道具に変えるのではない。そうではなく、資本主義は感情管理の利用価値を見いだし、そしてそれを有効に組織化し、それをさらに先へと推し進めたのである。そしておそらく、感情労働と競争とをつなぐために、そしてさらに、実際に「心からの」笑顔を宣伝し、そのような笑顔を作り出すために職員たちを訓練し、彼らが笑顔を作り出すところを監督し、そしてこの活動と企業の利益との結合を作り出すために、ある種の資本主義的誘因システムが用いられるのである。（A.R. Hochschild 1983＝2000: 213）

感情労働者たちは、企業側から指導されるように、顧客に対して誠意を持って仕事をすればするほど、自分自身を自分の感情から疎外することになるのです。そして、社会的に従属的な立場である女性のほうが、男性よりも感情労働を強いられる場合が多いと、ホックシールドは主張しています。

Sociological Application　2008年ニューハンプシャー州予備選挙でヒラリー・クリントン氏が見せた涙の反響

2008年のアメリカ合衆国大統領選挙では、民主党(デモクラット)からバラック・オバマ（Barack Obama）氏が、共和党（Grand Old Party；略称GOP）(リパブリカン)からはジョン・マケイン（John McCain）氏が、それぞれ大統領候補として立候

補しました。その他にも、無所属のラルフ・ネーダー（Ralph Nader）氏、自由党(リバタリアン)のボブ・バー（Bob Barr）氏、立憲党(コンスティトゥーション・パーティ)のチャック・ボルドウィン（Chuck Baldwin）氏、緑の党(グリーン・パーティ)のシンシア・マッキニー（Cynthia McKinney）氏が立候補しましたが、実質は民主党のオバマ氏と共和党のマケイン氏の一騎打ちとなりました。そして、2008年11月4日に本選挙が実施され、オバマ氏が一般投票を6,949万8,215票、選挙人票を365票獲得し、第44代アメリカ合衆国大統領に当選しました。

　アメリカ大統領選挙は、二部構成で行われます。11月の最初の火曜日(スーパー・チューズデイ)に行われる本選挙と、全国党大会(ナショナル・コンベンション)で大統領候補者を指名し公認する、各州の代議員(デリゲート)を選出する予備選挙によって成り立っています。2008年当時、オバマ氏はイリノイ州選出のアメリカ合衆国上院議員でした。一方マケイン氏は、アリゾナ州選出のアメリカ合衆国上院議員でした。そして、民主党の副大統領候補はジョゼフ・バイデン（Joseph Biden）氏（デラウェア州選出上院議員）、共和党の副大統領候補にはサラ・ペイリン（Sarah Palin）氏（アラスカ州知事）でした。これらの候補者は、民主党と共和党のそれぞれが夏に開催した全国党大会(ナショナル・コンベンション)で指名され、公認されました。この全国党大会には、誰でも参加できるわけではなく、各州の代議員(デリゲート)が出席し、大統領候補者を指名しま

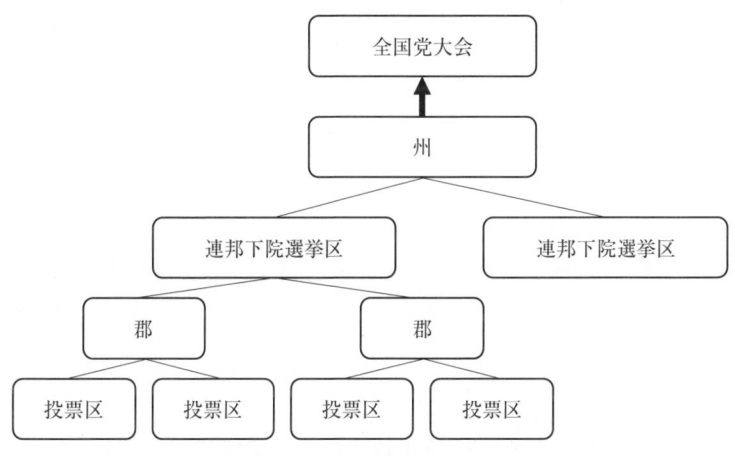

図5-1　全国党大会と各州で選出された代議員との関係
出典：筆者が独自に作成。

す。

　各州の代議員を選出する際には、予備選挙(プライマリーズ)を実施し、あるいは党員集会(コーカス)を開催して代議員を選出します。予備選挙とは、州法に基づいて投票を行い、各党の代議員候補者を有権者が直接選ぶ方法です

　予備選挙に比べると、党員集会は重層構造になっており、全国党大会に参加する代議員が決定されるまで時間がかかります。党員集会では、まず投票区(プレシンクト)レベルで行われます。投票区は、町よりも小さな区分です。2004年に投票管理委員会（Election Assistance Commission）が行った調査によると、投票区民の平均数は1,100人で、最も小さい投票区がカンサス州の437人、最も大きな投票区がワシントンD.C.の2,704人です。投票区で選出された代議員が、郡(カウンティ)レベルの党員集会に出席して、連邦下院選挙区(ディストリクト)レベルの党員集会に出席する代議員を選出します。次に、連邦下院選挙区で選出された代議員は、州(ステイト)レベルの党員集会に出席する代議員を選出します。最後に、州レベルの代議員が、全国党大会に出席する代議員を選ぶのです。

　このような違いから、予備選挙の方が党員集会よりも民主的なプロセスであるとの意見もあります。州政府には、予備選挙と党員集会を両方とも行わなければいけないという義務はなく、各州の法律によって、どの選定方法を用いるかは決められています。州によっては、予備選挙結果を参考レベルに留め、正式には党員集会で代議員を決定する場合もあります。

　この予備選挙と党員集会の幕開けを示すのが、アイオワ州の党員集会（2008年の大統領選挙では1月3日に開催）とニューハンプシャー州の予備選挙（2008年1月8日に開催）です。この2つの州で勝利、もしくは予想以上の善戦であった場合、アメリカ・メディアが候補者を大きく取りあげます。そのため、この2州で好戦結果を残すことによって、莫大な宣伝効果が見込めます。このことから、各大統領候補者は、全力を注いでアイオワ州の党員集会と、ニューハンプシャー州の予備選挙に挑みます。

　2008年、民主党内で大統領候補者として争っていたのは、バラック・オバマ氏、ヒラリー・クリントン（Hilary Clinton）氏（2012年現在、アメリカ国務長官）とジョン・エドワーズ（John Edwards）氏（2012年現在、ノー

スキャロライナ州選出上院議員）でした。アイオワ州党員集会では、オバマ氏が940票（37.6%）、クリントン氏が737票（29.5%）、エドワーズ氏が744票（29.7%）で、オバマ氏が勝利しました。ところが、ニューハンプシャー州の予備選挙では、クリント氏が11万2,404票（39.1%）、オバマ氏が10万4,815票（36.5%）、エドワーズ氏が4万8,699票（16.9%）と、クリントン氏が僅差で勝利しました。

　ニューハンプシャー州予備選挙結果に、何らかの影響を及ぼしたと反響を呼んだのが、予備選挙の前日に、クリントン氏が「公の場で見せた涙」です。2008年1月7日（ニューハンプシャー州予備選挙戦の前日）、クリントン氏は同州ポーツマス市において、女性有権者たちとの対話集会に出席しました。対話集会に参加している女性の一人から、クリントン氏に対して、大統領候補選挙戦をどのように乗り切っているのかとの質問がありました。クリントン氏は、その質問に答えている最中に感情が高ぶり、言葉をつまらせて、思わず涙ぐんでしまいました。エー・ビー・シー・ニュース（ABCNews）がアメリカ全米に放映した映像の中で、クリントン氏は次のように述べています。

　　簡単ではない。本当に正しいことをしていると、情熱的に信念を持っていなければ続けていけない。（クリントン氏は言葉につまる）この国からたくさんのチャンスをもらってきた。このまま後退させるわけにはいかない。（クリントン氏は涙ぐみながら答える）（周囲は拍手）これは私にとってパーソナルなことであり、政治でもなければ公のことでもない。私には状況が見えている。私たちは方向転換させないといけない。（クリントン氏は言葉を震わせる）選挙がゲームだと考える人もいる。誰かが上がって、誰かが下がってと。そうではなく、この選挙は国のためのものであり、子供たちの将来のためであり、みんなのためでもある。正しい人もいれば間違っている人もいる。準備万端の人もいれば、そうでない人もいる（略）。（ABC.comの画像より）

　この映像が放映された翌日、ニューハンプシャー州予備選挙が行われまし

た。クリントン氏は、オバマ氏に僅差で勝利しました。

　ところが、感情の高ぶったクリントン氏の映像が、予備選挙の前日に放映されたことについて、アメリカでは賛否両論の声があがりました。選挙戦の最中に、自分の感情をあらわにすることは、リーダーとして資質に問題があると見られても仕方がありません。ホックシールドが述べたように、女性政治家が公の場で感情をあらわにすることは、非難の対象になりやすいのです。

　ところが男性政治家の場合だと、アメリカ世論はさほど気にしないようで、寛容な態度を取っているように見受けられます。共和党大統領候補者のジョン・マケイン氏は、公の場での失言が非常に多く、すぐに癇癪を起こし怒りだすことから「怒りん坊のマケイン（アングリー・マケイン）」と揶揄されていました。共和党のサド・コクラン（Thad Cochran）氏（2008年当時、ミシシッピ州選出上院議員）は、マケイン氏について「彼が大統領になるのかと思うと背筋がぞっとします。マケイン氏は突拍子もないことを言い出すし、頭に血がのぼりやすく、すぐに癇癪を起こすからです」とコメントしています（Kane 2008）。癇癪持ちのマケイン氏に対して、何を言っても仕方がないという諦めの境地である可能性もありますが、男性政治家が公の場で声を荒げたとしても、さほど非難の対象にはならないようです。

　クリントン氏の感情の発露の映像は、アメリカ国内で何度も放映され、2008年予備選挙の最中には話題になりました。ところが、マケイン氏については、クリントン氏のような取りあげられ方はされませんでした。クリントン氏には、冷静沈着、インテリ層の英語を巧みに使う饒舌な演説、そして有権者に笑顔を振りまくという、上位中流家庭のイメージが定着しており、アメリカの一般家庭の女性とはかけ離れた存在として見られていました。ところが、女性の有権者たちの前で、自分の私生活を犠牲にしてまで自国の将来を案じ、子供たちの将来のために大統領選挙戦に臨んでいると、声を震わせながら主張する様子は、クリントン氏がスーパー・ウーマンではなく、一般女性のようにか弱い側面があると、女性有権者たちに共感を覚えさせたのかもしれません。

　しかし、この感情をあらわにした様子は、クリントン氏の計算であった可能性もあります。後日、彼女はメディアとのインタビューの中で「自分の本

心を有権者に知ってもらうことのできた素晴らしい瞬間であった」と述べました（Healy and Santora 2008）。クリントン氏は、あえて政治家としての仮面を脱ぎ、自分の感情を表に出すことで、女性有権者との距離を縮めようとしたのかもしれません。ホックシールドが指摘するように、女性特有の感情作業を成し遂げていた可能性も考えられます。

　ホックシールドは、公職に就いている女性たちは、男性よりも自分の中で湧き出る感情を強く管理し、常に平静を保たねばならないと論じました。この理論が正しいとすれば、クリントン氏のとった行動は致命的であったはずです。ところが、クリントン氏は女性有権者を顧客に見立て、自分の感情を相手が求めている形に適切に表すことで、女性有権者の支持を得ることができたと考えられます。クリントン氏の行動から、女性有権者たちは意外性と共感を見いだしたからでしょう。アメリカ社会で、クリントン氏の感情の発露が、マケイン氏の癇癪（かんしゃく）よりも注目を浴びたことは、女性は男性よりも公の場では感情を管理することが、いまだに求められていることを示しています。

記述問題

（1）感情労働とは何ですか？　肉体労働と比較して答えなさい。
（2）男性の比率が高い職種と、女性の比率が高い職種を比較して、ホックシールドであれば、この偏りをどのように考えるかを述べなさい。
（3）アメリカでは、女性政治家が公の場で涙を見せることに対して反響がありましたが、日本でも女性政治家が、社会が期待する「女性らしさ」を見せることがあるかを述べなさい。

参考資料

A.R. ホックシールド著，石川准，室伏亜希訳『管理される心－感情が商品になるとき』世界思想社，2000 年．

Healy, Patrick and Marc Santora. 2008. "Clinton Talks About Strains of Campaign." *The New York Times*, January 7. Retrieved on May 20, 2013
　（http://www.nytimes.com/2008/01/07/us/politics/07cnd-campaign.html?pagewanted=all）．

三輪和宏，佐藤令「ISSUE BRIEF アメリカ大統領選挙の手続」2004 年，国立国会図書館．2013 年 8 月 4 日にアクセス〈http://www.ndl.go.jp/jp/data/publication/issue/0456.pdf〉．

Kane, Paul. 2008. "GOP Senators Reassess Views About McCain." *The Washington Post*, February 4. Retrieved on May 20, 2013 (http://www.washingtonpost.com/wp-dyn/content/article/2008/02/03/AR2008020303242.html).

ABC News.com. "Hillary Tears Up in New Hampshire Primary 2008." Retrieved on May 20, 2013 (http://www.youtube.com/watch?v=dqGl-pDnYMQ).

第6章

M. フーコー - セクシュアリティ理論

Sociological Concepts 生の力（バイオ・パワー）

　人間の性現象（セクシュアリティ）について考えてみましょう。男性は女性を好きになり、女性は男性を好きになるという現象は、なぜ社会では当然のこととして受け止められているのでしょうか？　なぜ男性が男性を、女性が女性を好きになることはタブー視されているのでしょうか？　フランスの哲学者ミシェル・フーコー（Michel Foucault 1926年10月15日-1984年6月25日）は「人間の身体」を単なる生物学的・生理学的な問題として捉えず、社会学的な問題として再考察することの重要性を唱えました。フーコーは、ポスト構造主義者（post strucuturalist）として知られており、構造主義（strucuturalism）を批判的に捉えていた学者です。クロード・レヴィ＝ストロース（Claude Lévi-Strauss 1908年11月28日-2009年10月30日）などに代表される構造主義者たちは、社会現象に潜在的に存在する構造を抽出し、その構造を整理統合することで、社会現象を理解しようとしました。ところがフーコーは、このような考え方を問題視していました。

　『性の歴史Ⅰ-知への意志』（1986[1976]）の中で、フーコーは人間の性的特質とは、生まれながらに決定されるものではなく、国家によって作り出されたものであると論じました。『性の歴史』シリーズは、フーコーが死去したために未完に終わっていますが、第2刊の『快楽の活用』（1986[1984]）と第3刊の『自己への配慮』（1987[1984]）は出版されています。

フーコーは、国家が個人の生物学的情報を、政治・経済に利用するために作り上げた管理体制を「生政治(バイオ・ポリティクス)」と名付けました。そして、生体情報を得ることで獲得できる力を「生の権力(バイオ・パワー)」と呼びました。19世紀末頃、資本主義経済の幕開けとともに人間の生物学的な情報が、ヨーロッパ諸国では政治的・経済的に利用されるようになったところに着目したのです。

　　18世紀における権力の技術にとって大きな新しい様相の一つは、経済的・政治的問題としての「人口」の問題であった。富としての人口であり、労働力あるいは労働能力としての人口であり、それ自体の増大と資源としてのその可能性との間の均衡関係において把(とら)えた人口である。政府は気が付いたのだ、相手は、単に臣下でも「民衆」ですらもなく、「人口」という形で捉えられた住民であって、そこにはそれ固有の特殊な現象と、固有の変数があると。出生率、罹病(りびょう)率、寿命、妊娠率、健康状態、病気の頻度、食事や住居の形がそれだ。すべてこれらの変数は、生に固有の運動と制度に特有の作用との交叉点(こうさてん)に位置する。「国家の人口が増えるのは、繁殖という自然増加によってではなく、国家の工業、国家の生産力、さまざまな制度といったものの比重に応じてである…。人間の増殖は大地の生産物のように、人間が自分たちの労働に見出す利益と可能性に比例してなされるのである」。このような人口をめぐる経済的・政治的問題の核心に、性があった。(Foucault 1976 = 1986: 35)

生体情報の中で重要であったのが、性生活に関することです。各家庭で、次世代の労働者を効率よく生産してもらうには、結婚年齢、性交の頻度、妊娠率、避妊具の使用などについて、詳しく調べる必要がありました。国家が繁栄するためには労働力が必要であり、そのためには人口増加は必須だからです。

　　確かに久しい以前から、国が富み強大であろうとするなら、その人口は多くなければならないと言われ続けてきた。しかし、少なくとも恒常的に一つの社会が、その社会の未来と運命とは、単に市民の数や美徳、

結婚のきまりや家族の構成の仕方だけでなく、各人が己が 性(セックス) を用いるその用い方に結びつけられていると言い出したのは、この時が初めてだ。金持ちや独身者、リベルタンなどの実りなき性的放埒(ほうらつ)についての定まりの詠嘆から、全住民レベルでの性的行動が分析の対象であり権力介入の標的でもあるものとして取りあげられるような言説へと移行するのである。重商主義時代の大々的な人口増加論から、目的と緊急の要請に応じて産児奨励と産児制限の2つの方向に揺れ動く、より微妙でよりよく計算された調節の企てと変わるのだ。住民人口の経済学を通じて、性に関する観察格子が作られる。性的行動とその決定要因、またそこから発生する効果・作用の分析が、生物学と経済学の臨界で生まれる。と同時に、道徳的・宗教的勧告や徴税といった伝統的な手段を超えて、夫婦の性的行動を、経済的かつ政治的に協議された一つの行為に仕立てようとする組織的な作戦が現れる。19〜20世紀の人種差別は、そこにいくつかの手がかりを見いだすだろう。国家は、市民の性と市民の性の用い方の現状を知らねばならないが、市民のほうも各人が、性の用い方を自分でコントロールできなければならない。国家と個人の間で、性は一つの賭金(かけきん)=目的に、しかも公の賭金(かけきん)=目的になった。言説と知と分析と命令の大きな一つの網の目が、性を取り込むようになったのだ。(Foucault 1976＝1986: 35-36)

　フーコーは、国家が自国民の性生活に関心を示し始めたのは、社会の産業化に伴い工場での労働力が必要となっただけでなく、ヴィクトリア朝時代（1837-1901）の社会風土も影響していたと論じました。この時代は、ヴィクトリア女王がイギリス帝国を統治した期間で、イギリス帝国は政治的にも経済的にも、絶頂期を迎えていました。産業革命による経済発展が、都市部では見られる一方、児童労働、売春、労働者に対する搾取なども散見されました。海外進出も盛んで、植民地支配が広まった時期でもありました。この時代の国民には、威儀、節度、道徳心、性的節制が求められ、不貞、非嫡出子、同性愛などは御法度でした。非道徳的な性生活を送っている人びとは、教会の牧師

に懺悔(コンフェス)することで、救いを求めました。そのため、牧師は懺悔を通して、教区内の禁忌について知りました。このように、奔放な性生活を抑制する時代でありましたが、自分の犯した罪を自らの口で語ることによって救いを求めたので、逆に自分の非道徳的な性生活を赤裸々に語る時代でもありました。

　　告白の、肉慾の告白の及ぶ範囲はひたすら拡がるばかりである。その理由は、反宗教改革がすべてのカトリック教国において、年間の告白のリズムを早めることに腐心するからである。反宗教改革が、自己の検証という営みの詳細な規則を強制しようとするからである。
　　思考、欲望、肉感的な想像力、悦楽、魂と肉体の結びついた運動、こういうすべてが、爾後(じご)は詳細にわたって、告白と精神指導のかけひきの中に入ってこなければならない。性は、この新しい司教要綱に従えば、もはや慎重な配慮なしにその名で呼ばれてはならないものだ。しかしそのさまざまな様相、そのさまざまな相関関係、その作用といったものは、枝葉末節に至るまでことごとく追求されねばならぬ。夢想を横切るふとした影、追い払おうとしてもなかなか追い払えないイメージ、肉体の仕組みと精神の迎合的な働きとの間の捨てきれない共犯関係。すべてが言われなければならない。
　　掟に違反する行為を告白するだけではない、自分の欲望を、自分のすべての欲望を、言説にしようと努めるべしと。できるならば、何ものも、この言表作業の手を逃れてはならない…キリスト教司教要綱は、基本的な義務として登録したのだ、性に関わるすべてのことを言葉の終わりなき水車にかけるという務めを。（Foucault 1976＝1986: 27-29）

　フーコーは、自分の性生活を告白(コンフェス)するという懺悔行為も、生の力(バイオ・パワー)の一種と成りうると述べました。牧師は、信者の懺悔から教区民の性生活と禁忌に関する情報を収集しました。誰にも知られたくない秘密を握るということは、ある種の権力に値します。自分の恥ずべき事柄や、隠れた欲望を、自らの口で赤裸々に語る告白の過程を言説(ディスコース)と言います。フーコーは告白と言説の関係を

次のように述べています。

> 告白とは、語る主体と語られる文の主語とが合致する言説の儀式である。それはまた、権力の関係において展開される儀式でもある。というのも、人は少なくとも潜在的にそこに相手がいなければ、告白はしないものであり、その相手とは、単に問いかけ聴き取る者であるだけではなく、告白を要請し、強要し、評価すると同時に、裁き、罰し、許し、慰め、和解させるために介入してくる裁決機関なのである。それはまた、真理が、自らを言葉によって表明するために取り除かなければならなかった障がいと抵抗によって、自らを真理とし認証する儀式である。そして最後に、そこでは、口に出して言うというだけで、それを言語化した者においては、それが招く外的結果とは関係なく、内在的な変化が生じるような儀式である。口に出して言ってしまうことが、その人間を無実にし、その罪を贖い、彼を純化し、その過ちの重荷をおろし、解放し、救済を約束するのである。(Foucault 1976＝1986: 80-81)

一般的に権力とは、個人の社会的地位、国家、企業、軍隊、などに与えられた特権のように解釈されます。ところがフーコーは、国家権力以外でも、権力を握ることができることを指摘したかったのです。その権力を握る際に中枢を占めるのが、生体情報、特に性や身体に関する情報です。生体情報を得ることによって付与された権力は、権力者が力ずくで勝ち取るものではなく、個人が「告白」という行為で、自らが情報を提供することによって生じるのです。この種の権力の厄介な点は、暴力のように外部からの抑圧を感じて、民が権力者の力に屈するのではなく、自分の罪を救ってもらったという解放感を伴うために、民には自分たちが権力に屈しているという実感がわかないところです。

さらにフーコーは、真理とは絶対的なものではなく、言説によって形成される流動的なものであることを述べています。

> 幾世紀もの間、性の真理は、少なくとも本質的な部分においては、こ

のように自らの言葉で表すという言説的な形態において捉えられていた
…真理は…ただ言説の中で、語る者と語られていることとの間の絆、本
質的帰属関係によって保証されているのだ。反対に、支配の機関は…聴
き、かつ黙っている者の側にある。知っていて答えをする者の側にでは
なく、問い、しかも知っているとは見做されていない者の側にある。し
かも、この真理の言説が効力を発揮するのは、それを受け取る者におい
てではなく、それが奪い取られる者においてなのだ。…我々が属してい
るのは、その代わりに、秘密・秘法の伝承においてではなく、徐々に勢
を増す打ち明け話の周囲に、性についての困難な知を組織してきた社会
なのである。(Foucault 1976＝1986: 81-82)

　このように、真理とは社会制度によって作られ、社会プロセスによって作ら
れるものであり、決して客観的な事実ではないのです。
　19世紀の産業社会において、子供を授からない世帯は不毛と見られました。
結婚適齢期でありながら結婚してない男女には、周囲が結婚相手を探しまし
た。適齢期であるにもかかわらず未婚だと、同性愛者ではないかと疑われるか
らです。キリスト教は同性愛を禁じているので、同性愛の疑いをかけられる
と、村八分にあう可能性もありました。つまり、19世紀の欧米社会が考える
望ましい家族とは、子供のいる異性愛者の世帯だったのです。このカテゴリー
に入らない人びとは、異常者と区分されました。特に同性愛者は、子どもを
増やすことができないという点において、非生産的な人たちです。フーコーが
性的特質(セクシュアリティ)は、社会によって作られていると唱えたのは、このためです。
　「なぜ同性愛者が存在するのか」という命題を考える際に、従来は本質主義(エッセンシャリズム)
と構成主義(コンストラクショニズム)という観点がありました。本質主義的な考え方では、同性愛者
は生まれながらにして同性愛者なので、これを理由に職業選択の自由、婚姻権
において差別を受けるべきではないと主張されてきました。主にゲイ・レズビ
アン擁護団体が、同性愛者の人権を主張する際に述べる見解です。一方、構
成主義的な捉え方では、同性愛とは生物学的に決定されるのではなく、個人が
自己アイデンティティとして選択したものであると考えます。主に社会学者に

よって主張される見解です。この見解では、同性愛を社会や時代によって作られたラベルの一種と考え、同性愛者とは、人種・エスニック集団と同様に、似た者同士が集まって独自の文化を作り上げた集団と考えます。構成主義的な捉え方は、認知心理学や社会生物学の分野から批判を浴びており、近年では遺伝子レベルで同性愛の特性を明らかにしようとする研究が進められています。

　本質主義 vs. 構成主義という画一的な論争から、次の段階へ議論を発展しようとする試みがあり、クィア理論が生まれました。もともとクィア（queer）という言葉は、「奇妙な」「風変わりな」という意味で、男性の同性愛者を指す俗語として使われていました。現在では、ゲイ、レズビアン、バイセクシュアル、トランスセクシュアルなど、セクシュアル・マイノリティの人びとを包括的に指す言葉として用いられています。クィア理論とは、ある社会において、特定の性的特質（セクシュアリティ）や自己の性意識（ジェンダー・アイデンティティ）の類型を、人びとに当然のものと考えさせる政治的、文化的、社会的強制力を、批判的に考える学際的な分野です。クィア理論とゲイ・レズビアン研究は、一色単に考えられがちですが、物事の捉え方が根本的に違います。ゲイ・レズビアン研究（gay and lesbian studies）の専門家たちは、同性愛者たちは決して異常者ではないということを、本質主義や構成主義という観点から主張することで、同性愛者たちを異性愛者の社会の一部として組み込むことを目指しています。ところがクィア理論の専門家たちは、このような考え方そのものに、異論を唱えています。人びとを「異性愛者 vs. 同性愛者」と類型化する行為そのものが、社会の多様性を無視する考え方であり、あらゆる視点から社会を問い直すべきではないかと主張しています（Seidman 1996）。

Sociological Application　伝統的家族観 vs. 同性婚

　大統領選挙の時期になると、アメリカでは伝統的家族観（トラディショナル・ファミリー・バリューズ）という言葉をよく耳にします。伝統的家族観の捉え方は、保守派（コンサバティブ）と自由派（リベラルズ）によって多少異なります。従来、伝統的家族観という言葉には、保守派の多い共和党

が大統領選挙戦の宣伝として掲げるプロパガンダ的役割がありました。近年では、民主党でも使われることが多くなりました。その場合の伝統的家族観は、共和党とは異なった意味で使われています。

　保守派の多い共和党にとって、アメリカの伝統的な家族とは、男性は外で働き、女性は家事と育児をする核家族のことを指します。保守派は、アメリカ社会で伝統的家族観が損なわれないように、不貞行為、中絶、同性婚、性教育の禁止を求めています。保守派には熱心なキリスト教信者が多く、宗教右派と呼ばれることもあります。保守派の唱える伝統的家族観の根幹は、キリスト教義に通じるものがあります。

　一方、民主党が伝統的家族観を唱える時には、勤労者世帯(ワーキング・ファミリー)の苦しい経済状況を前提に考えています。パートの仕事を複数掛け持ちしながら、子どもを育てるアメリカの中産階級の現状を、少しでも楽にすることができるようにと、人間が人間として生活を営む上で充分な賃金の保障、出産・育児休暇の普及、父子・母子家庭や同性婚家庭をアメリカ社会が受け入れるようにはたらきかける、などを主張しています。どちらの派閥であれ、アメリカの新たな家族観の問題として取りあげられるのは①同性婚を法的に認めることと、②同性カップルによる養子縁組についてです。

　2008年4月27日付けのニューヨークタイムズ紙の記事の中では、マサチューセッツ州で結婚した20代のゲイ・カップルの生活、30代で結婚に踏み切ろうとしてるゲイ・カップルの結婚観について取り上げられています。2013年の時点において、アメリカ合衆国で同性カップルの結婚が法的に認められている州は、カリフォルニア州、コネチカット州、デラウェア州、アイオワ州、メイン州、メリーランド州、マサチューセッツ州、ミネソタ州、ニューハンプシャー州、ニューヨーク州、ロードアイランド州、バーモント州、ワシントン州、首都D.C.と5つのインディアン居留地（コキーユ、オダワ、ポタワトミ、ケンタ、イザベル・スクアミッシュ）です。

　しかし、1996年に制定された婚姻保護法（Defense of Marriage Act または DOMA）によって、これらの州で法的に認められた同性婚は、必ずしも他の州で法的効力を発揮するわけではありません。同性婚を認めるか否かは、各

州の裁量にまかされています。そのため、同性婚の法的効力を否認する州もあります。

ところが、画期的な判決がくだりました。2013年6月26日、連邦最高裁は婚姻保護法に違憲判決をくだしたのです。この判決は、同性婚そのものを合憲化としたわけではありませんが、同性カップルにとっては、以前の状況に比べると、前進した形となりました。

アメリカの国勢調査では、同性カップルに特化したデータは集められておりません。「本人の性別」と「本人と世帯主との関係」という質問から、同性カップル世帯の数を算出しています。2010年のアメリカ国勢調査によると、同性婚カップルの数は13万1,729世帯であり、内縁関係の同性カップルの数は51万4,735世帯でした。この数は2010年アメリカン・コミュニティ・サーベィで計算された概算（同性婚15万2,225世帯、内縁関係の同性カップル44万989世帯）とほぼ一致しています。2010年のアメリカン・コミュニティ・サーベィによると、一般世帯（2人以上の世帯）のうち、1%が同性カップルであることが明らかになりました。

図6-1は「州別の同性カップル世帯対カップル全世帯の割合：2010年」です。全米調査によると、同性カップルの割合の全米平均は0.95%です。最も同性カップルの割合が低かった州はワイオミング州で、一般世帯のうち0.29%が同性カップル世帯です。逆に、最も同性カップルの割合が高かったのは、アメリカ合衆国の首都で連邦直轄地のワシントンD.C.（4.01%）です。

全米平均値0.95%よりも同性カップル世帯の割合が高かった州は①ワシントン州、②オレゴン州、③カリフォルニア州、④ネバダ州、⑤アリゾナ州、⑥コロラド州、⑦ニューメキシコ州、⑧ミネソタ州、⑨フロリダ州、⑩ニューヨーク州、⑪デラウェア州、⑫コネチカット州、⑬ロードアイランド州、⑭マサチューセッツ州、⑮バーモント州、⑯メイン州です。ほとんどが西部または北東部に位置する州です。

同性婚議論でよく話題にのぼるのは、同性カップルの養育権です。同性カップルは、養子縁組や代理出産などで子供を授かり育てることは可能です。子供の福利厚生を考えた上で適切であるか否か、という点に関しては賛否両論が

126

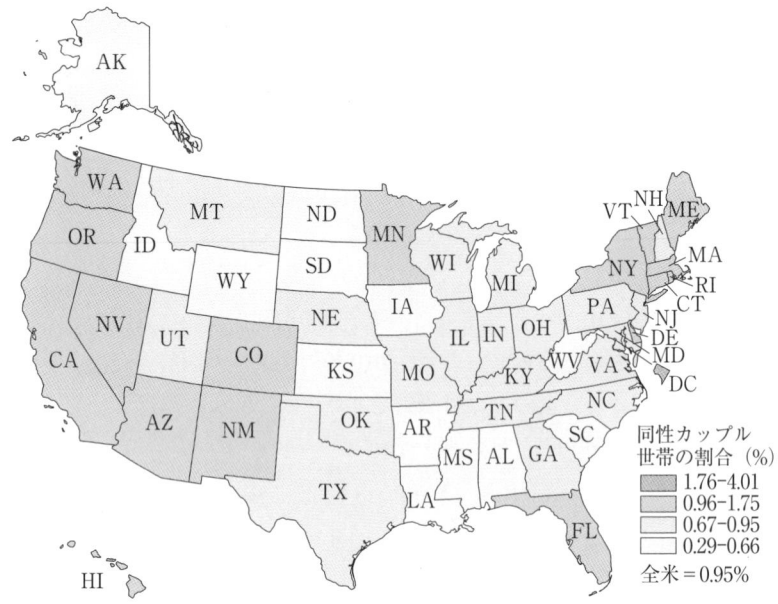

Source: U.S. Census Bureau, 2010 American Community Survey.

図 6-1　州別の同性カップル世帯対全カップル世帯の割合：2010 年
出典：U.S. Census. 2011. "Same-Sex Couple Households: American Community Survey Briefs", p.2

あり、研究が進められています。2010 年のアメリカン・コミュニティ・サーベィによると、同性カップル世帯のうち 19.4% 世帯には子供が少なくとも 1 人いることが明らかになりました。

　表 6-1 の内訳を見てみると、子供のいる同性カップル世帯のうち、18 歳以下の子供がいた世帯は 84.1% で、この世帯は「自分たちの子供を養育している世帯」と同じ区分です。「自分たちの子供を養育している世帯」のうち、血のつながりがある子供を養育している世帯は 72.8%、養子を育てている世帯は 21.2%、血縁者と養子の両方を育てている世帯は 6% でした。アメリカ合衆国において、同性婚を巡る論争は、同性愛者が結婚することによって得られる権利（扶養控除、遺産相続など）に関する議論に留まることはありません。同性カップルによって養育された子供が、異性愛者が主流である社会に順応できる

表 6-1 自分たちの子供のいる同性カップル世帯：2010 年

特徴	異性婚者の数 パーセント	異性婚者の数 許容誤差(±)[1]	(内縁関係の)異性カップルの数 パーセント	(内縁関係の)異性カップルの数 許容誤差(±)[1]	同性カップルの数(合計) パーセント	同性カップルの数(合計) 許容誤差(±)[1]	自己申告に基づいた同性カップルの数 同性の配偶者がいる人 パーセント	自己申告に基づいた同性カップルの数 同性の配偶者がいる人 許容誤差(±)[1]	自己申告に基づいた同性カップルの数 非婚の同性カップルの数 パーセント	自己申告に基づいた同性カップルの数 非婚の同性カップルの数 許容誤差(±)[1]
子供のいる世帯（数）……	24,443,599	83,848	2,684,978	23,359	115,064	5,516	43,933	2,901	71,131	4,381
現在自分の子供あり[2]………	93.8	0.05	88.5	0.20	84.1	0.93	89.0	1.43	81.1	1.48
現在自分の子供なし[3]………	6.2	0.05	11.5	0.20	15.9	0.93	11.0	1.43	18.9	1.48
自分の子供だけがいる世帯…	22,872,151	86,426	2,267,016	20,771	94,627	5,026	38,778	2,738	55,849	4,077
血縁タイプ[4]………………	90.8	0.10	88.0	0.41	72.8	2.71	80.4	3.11	67.4	3.81
養子タイプ[5]………………	4.4	0.07	5.2	0.30	21.2	2.26	13.1	2.83	26.8	3.36
混合タイプ[6]………………	4.8	0.07	6.8	0.30	6.0	1.51	6.4	1.84	5.7	1.81

1. データは標本に基づいたもの。抽出された標本によって数値が変動する場合がある。許容誤差とは、推定値の変動範囲を示す。推定値に対して、許容誤差が大きければ大きいほど、推定値は信頼できない。許容誤差を推定値に足し・引きすることで、信頼区間90％を求めることができる。
2. 自分の子供のうち、少なくとも1人が18歳以下の世帯。自分の子供ではない子を養育している世帯が入る場合もある。
3. 18歳以下の孫、親戚、親戚以外の人間がいる世帯。
4. 血縁関係の子供がいる世帯のみ。
5. 養子・義理の子供がいる世帯のみ。
6. 血縁関係の子供、養子、義理の子供が入り混じった世帯。

か、順応できない場合、どのような社会整備が必要であるかという課題を抱えています。

シカゴ大学の系列である全国世論調査センター（National Opinion Research Center または NORC）が隔年で行っている、総合社会動向調査（General Social Survey または GSS）によると、アメリカ人は同性婚に対して年々寛容になってきているようです。

図6-2は、NORCが18歳以上のアメリカ在住の人たちに対して、「（次の内容に）賛成ですか。それとも反対ですか：同性愛者のカップルにも結婚する権利があるべきだ」という質問に対する答え、①強くそう思う、②思う、③どちらでもない、④思わない、⑤強く思わないの推移を1988〜2010年にかけて、線で描いたものです。

1988年には同性婚を認めるべきだと回答した人は10.7％（①強く思う

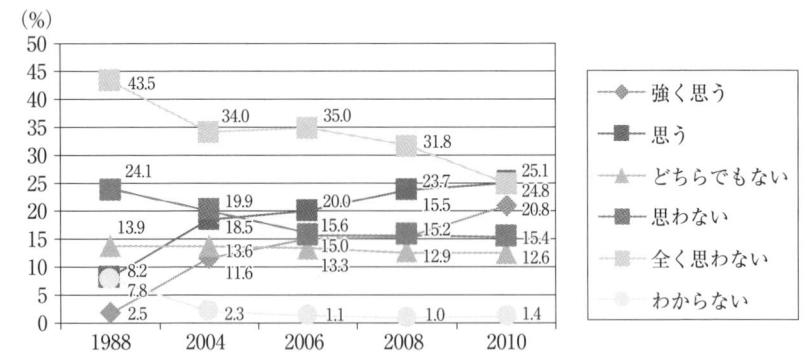

図 6-2　アメリカにおける同性婚への賛成・反対意見の推移：1988年-2010年
出典：筆者が NORC のデータを加工。

2.5％＋②思う 8.2％）でしたが、2010年に「同性婚を認めるべきだ」と回答した人は 45.6％（①強く思う 24.8％＋②思う 20.8％）に増加しました。一方、1988年に「同性婚を認めるべきではない」と回答した人は 67.6％（④思わない 24.1％＋⑤全く思わない 43.5％）でしたが、2010年には 40.5％（④思わない 15.4％＋⑤全く思わない 25.1％）に減少しました。ただし一定の割合で（1988年 13.9％〜2010年 15.4％）「どちらでもない」と回答した人たちもいます。このように、アメリカ社会において、同性婚に対する社会的寛容度は高まりつつありますが、子供の養育環境など未解決の課題が残されています。

記述問題

(1) バイオ・ポリティックスについて、具体事例を用いて述べなさい。
(2) フーコーは「社会がセクシュアリティを発明した」と述べていますが、日本ではどうでしょうか。具体的事例を用いて述べなさい。
(3) 西欧では、19世紀の産業化社会の台頭とともに、ホモセクシュアリティに関する取締りが強化されましたが、日本ではどうだったのでしょうか。類似点と相違点を述べなさい。

参考資料

M. フーコー著,渡辺守章訳『性の歴史 I - 知への意志』新潮社,1986 年.

Seidman, Steven. 1996. "Introduction." pp.1-30 in *Queer Theory Sociology*, edited by Steven Seidman. Oxford: Wiley-Blackwell Publishing.

U.S. Census. 2011. "Same-Sex Couple Households: American Community Survey Briefs." Retrieved on August 4, 2013 (http://www.census.gov/prod/2011pubs/acsbr10-03.pdf).

Smith, Tom W. 2011. "Public Attitude Toward Homosexuality." NORC/The University of Chicago. Retrieved on August 4, 2013 (http://www.norc.org/PDFs/2011% 20GSS% 20Reports/GSS_Public% 20Attitudes% 20Toward% 20Homosexuality_Sept2011.pdf).

第7章

M. ダグラス − 社会と不用物の関係

Sociological Concepts　汚れ・穢れとは

　デイム・メアリ・ダグラス（Dame Mary Douglas 1921年3月25日-2007年5月16日）はイギリス出身の人類学者・社会理論家です。イタリアのサンレーモ市で生まれました。父のギルバート・テュー氏は、インド高等文官でした。1939〜1943年に、オックスフォード大学セント・アンズ・カレッジ（St. Anne's College, University of Oxford）にて哲学、政治、経済学を学んだ後、植民省で国防に関する仕事に就きました。その頃、社会人類学者との出会いがあり、社会人類学という学問に魅せられたそうです。1946年にオックスフォード大学の転換課程入学し、人類学を専攻しました。1949年には人類学の博士課程に進学し、1949〜1951年、そして1953年に、現在のコンゴ共和国にてフィールドワークを行いました。その時に収集したデータを分析し、博士論文としてまとめ、1952年にオックスフォード大学より人類学のDPhil（Doctor of Philosophy、イギリスの大学の博士号の名称）を取得しました。

　DPhilを取得後、ユニバーシティ・カレッジ・ロンドン（University College London）で教鞭を執りました。1970〜1977年まで、社会人類学部の教授としてユニバーシティ・カレッジ・ロンドンで勤めた後、アメリカに渡りました。1988年に、再びイギリスに戻るまで、ラッセル・セージ財団（Russell Sage Foundation）やノースウェスタン大学（Northwestern University）にて教えるかたわら、論文と著書を執筆しました。単著には『汚穢と禁忌』(1972

(2009)[1966])、『象徴としての身体-コスモロジーの探求』(1983[1970])など、共著には『儀礼としての消費材と消費の経済人類学』(1984[1978])などがあります。文化、象徴、消費、リスクなどをテーマにして、主に社会人類学の分野で活躍しましたが、彼女の業績は社会学にも多大な影響を及ぼしています。

人は何を基準にして「汚れている」と感じるのでしょうか？ なぜ食物の禁忌があるのでしょうか？ 廃棄物とは何を基準に捨てられるのでしょうか？ ダグラスは「汚い」という観念を、「汚染（pollution）」「ほこり（dirt）」「不浄（defilement）」「不潔（uncleanliness）」と言葉を巧みに使い分けることによって、現代人が考える「汚穢」について論及しています。注意しなければいけないのは、ダグラスの言う「現代人」とは大陸ヨーロッパ人（フランス、イタリア、ドイツなど）、イギリス人、アメリカ人を指しており、インド人やアフリカ人らは「未開人」と区別しているところです。さらに、日本、中国、韓国など東アジア地域は分析対象ではありません。『汚穢と禁忌』(1972(2009)[1966])では、次の4点について述べています。

① 「現代人と」と「未開人」の穢れという観念は、象徴的体系に基づいており、双方における観念体系の違いはあまり見られない（M. Douglas 1966＝1972(2009): 31-41）
② 汚穢は秩序が保たれている（社会）構造の中に存在する（M. Douglas 1966＝1972(2009): 299-318）
③ 汚穢の役割は秩序を乱す要因を是正することである（M. Douglas 1966＝1972(2009): 319-353）
④ 汚穢を潔（きよ）めるという行為は、無秩序から秩序を生み出す過程であり、この過程は創造力に繋がる（M. Douglas 1966＝1972(2009): 356-394）

現代ヨーロッパ人が「汚物・汚穢」を避けようとするのは、宗教的な観点からではなく、衛生学上の問題として考えられていました。ところが「汚れ＝衛生上・美学上の問題」という考え方は、19世紀以降の医学の発展とともに作

り上げられたものであり、その観念体系が存在すること自体が、「汚穢」とは象徴的体系の一種であると考えられます。ダグラスによると、汚れとは「我々[ヨーロッパ人]の正常な分類図式から拒否された過剰ともいうべき範疇」(M. Douglas 1966＝1972(2009): 104)であり、その本質とは「宇宙構造にせよ、社会構造にせよ、構造の輪郭が明確になっていない場においては発生の可能性がないような種類の危険」(M. Douglas 1966＝1972(2009): 265)なのです。そして、社会的汚穢には、①外的境界線に迫る危険、②体系の内部における境界線の侵犯から生まれる危険、③体系内部の境界線付近に宿る危険、④内的矛盾から生ずる危険という4種類が考えられます。

　(社会)構造における「汚れ・穢れ」の役割とは何でしょうか？「汚れ・穢れ」の規範とは「倫理的に是認されない行為のごく一部を強調」(M. Douglas 1966＝1972(2009): 300)を指し、その役割としては「道徳的批判が弛緩したとき、それを整備するという機能」(M. Douglas 1966＝1972(2009): 304)を持ち合わせています。ところが、道徳的行為(正常域)と、非道徳的行為(異常域)の境目は不明確です。必ず曖昧な領域(辺境域)が存在し、「絶対的悪」と考えられる行為は限られ、時と場合によって善悪の判断が付け難いときがあります。しかし、辺境域が拡大しすぎてしまうと、一つの社会としての統制が保たれなくなります。人間の心理として、誰かの間違った行為に対して、何らかの処罰がくだされないのは納得がいきません。そのため「他の制裁の欠如を補うため汚れ(けがれ)の信仰が求められるという傾向」(M. Douglas 1966＝1972(2009): 305)があります。

　　男性は概して妻を奪われた夫の立場よりは、むしろ姦通した男の立場に立つようである。彼らが個々の事例に直面したとき、結婚生活や社会構造を護るために倫理的非難の感情が触発されるといったことは少ない。ここに汚穢(けがれ)の規範と道徳的判断との不一致が生まれる一つの原因がある。この事実が示唆することは、汚れの規範は社会的に有効なもう一つの機能を－つまり、道徳的批判が弛緩したとき、それを整備するという機能を－もち得るということであろう。

この説明は一般的原則に－すなわち、無法な行為と感じられたものに対し、社会秩序の中でそれにふさわしい現実的制裁が与えられる場合には、汚穢の観念は生じにくいという原則に－一致するであろう。人間的立場からいえば、無法なるものが罰を加えられずにまかり通ろうとするとき、他の制裁の欠如を補うため汚れの信仰が求められるという傾向があるのだ。(M. Douglas 1966＝1972(2009): 304-305)

「汚れ・穢れ」が存在するということは、(社会)構造における正常域と異常域との間に明確な境界線があることを示しています。どちらの領域にも当てはまらないのが「汚れ・穢れ」だからです。これを正常域に取り込むには、何らかの処置が必要であり、それが「潔める行為」です。現代西欧社会では、医学的知識を駆使して、不浄な物を清めますが、未開社会では儀式や祭司を通じて潔めているのです。この過程を経ることによって、新しい術を生み出すので「汚れ・穢れ」には、何かを創造する力を秘めていると考えられるのです。

　こうしてすべてが崩壊した最後の段階では、穢れは完全に明確な形態を失う。ここで一つの円環(サイクル)が完成したのである。穢れとはもともと精神の識別作用によって創られたものであり、秩序創出の副産物なのである。したがってそれは、識別作用の以前の状態に端を発し、識別作用の過程すべてを通して、すでにある秩序を脅かすという任務を担い、最後にすべてのものと区別し得ぬ本来の姿に立ちかえるのである。したがって、無定形の混沌こそは、崩壊の象徴であるばかりでなく、始まりと成長との適切な象徴でもあるのだ。
　このように考えれば、宗教的象徴体系において水の再生作用を説明するすべてのことは、汚れについてもいい得るだろう。
　不浄が最後の相を帯びたとき、それは創造的混沌にふさわしい象徴となるであろう。しかし、不浄なるものがその力を獲得するのは、その初期の相からなのである。つまり、秩序の限界を侵すことによって招かれる危険こそが能力(ちから)となるのである。善き秩序の破壊をもたらそうとする

不安定的な辺境部や外部からの襲来する力は、宇宙に内在するもろもろの能力を表象している。善き秩序のためにこれらの能力を利用し得るときはじめて、祭式は強力な効果をもつことになるのだ。(M. Douglas 1966＝1972(2009): 359-361)

では、汚穢の観念の本質とは何なのでしょうか。ダグラスは次のようにまとめています。

　汚穢(ダート)とは本質的に無秩序である。絶対的汚物といったものはあり得ず、汚物とはそれを視る者の眼の中に存在するにすぎない。もし我々が汚物を避けるとすればそれは臆病な不安のゆえではないし、いわんや恐怖とか聖なるものへの畏怖といったものからではないのだ。さらにまた、不浄を潔(きよ)めたりそれを忌避したりする我々の行動のすべてを、疾病に関する観念だけで十分に説明することはできない。不浄とは秩序を侵すものだからである。したがって汚物を排除することは消極的行動ではなく、環境を組織しようとする積極的努力なのである。

　汚物を排除したり、壁に紙を張ったり、装飾をつけさせたり、整理整頓といったことをしているとき、我々は疾病を避けようとする不安に支配されているのではなくて、積極的に自らの環境を再調整してそれをある理念に一致させようとしているのだ。我々が汚物を忌避するとき、そこには恐怖もしくは不合理なる要素は一切存在しない。それは創造的行動であり、形式を機能に関連させようとする試みであり、経験を統一しようとする試みである。(M. Douglas 1966＝1972(2009): 33 34)

　具体的に考えてみましょう。『汚穢と禁忌』(1972(2009)［1966］) の中で、ダグラスは、なぜ豚肉が不浄なものとして扱われることになったかを分析しています。豚肉が不浄物として扱われる主な理由は、旧約聖書レビ記にその旨が書かれているからです。イスラエルには、祭司の役割を担っていたレビ族がいました。レビ記とは、彼らが神の民として生活する上で、必須と考えられる事

項について書かれた指南書です。この中には、祭司を行う上で注意しなければならない点、生け贄(いにえ)を捧げる際の注意点、日常生活における注意点などが記されています。第11章「清浄と不浄に関する規定」の中で、食べられるものについて、次のように記されています。

　　動物のうちで、ひづめが分かれ、そのひづめが完全に割れているもの、また、反芻するものはすべて、食べてもよい。しかし、反芻するもの、あるいはひづめが分かれているもののうちでも、次のものは、食べてはならない … それに、豚。これは、ひづめが分かれており、ひづめが完全に割れたものであるが、反芻しないので、あなたがたには汚れたものである。あなたがたは、それらの肉を食べてはならない。またそれらの死体に触れてもいけない。それらは、あなたがたには汚れたものである。(11: 3-4, 11: 7)

　豚の他にも、ラクダ、岩狸(たぬき)、野うさぎ、鰭(ひれ)や鱗(うろこ)のない水中の生物なども食用にすることを禁じています。
　ダグラスは、豚肉が不浄であると考えられた理由として、家畜であると決定づける2つの判断基準（①ひづめが分かれ②反芻すること）が見られなかったためだと述べました（M. Douglas 1966＝1972(2009): 143）。豚肉に寄生虫がいるという、衛生上の問題が理由ではなかったのです。

　　これで、潔(きよ)き肉と汚(けが)れたる肉との律列(おきて)を研究する十分な基礎を確立することができた。つまり、聖きこととは完全であり1つであることなのだ。聖潔とは、個人および種の統一であり、完全性であり、完璧性なのである。食物の律列は、これと同様な線に沿って聖潔の比喩を拡張したものにすぎない。
　　これらの動物［家畜類］と接触しても神殿に近づく前に清めの儀式を必要としないというかぎりにおいて、それらは潔(きよ)らかなものだった。家畜類は、彼等の住んでいた土地と同じく、神の祝福を受けていた。この

両者ともが祝福によって多産なものとなり、両者ともが神の秩序に包含されたのである。農夫はこの祝福をずっと保ち続ける義務があった。そのため、1つには、農夫は創造の秩序を保たなければならなかった。したがってすでに見たように、耕地においても家畜類においてもあるいは麻や毛で造られた衣服においても、雑種は許されなかったのである。神が人間と契約を結ぶと同じやり方で、ある意味では人間は土地や家畜と契約を結んでいた。人間は家畜から生まれた最初の仔を尊重し、家畜に安息日を守らせた。家畜は文字通り奴隷として家庭内に飼われていた。家畜も祝福を得るためには、人間の社会的秩序の中に入らなければならなかったのである。家畜と野獣との差は、野獣には身を守るべき契約がないということである。

　動物が潔いものであるための基本的原則は動物が完全にその種族の特徴を具えていることである。ある種族の特徴を不完全にしか有していないもの、あるいはある種属そのものが世界の一般的構造を混乱させるようなものは、不浄とされるのだ。(M. Douglas 1966＝1972(2009): 141-142, 144)

レビ記は、イスラエルの民が神のご加護を得るための、一種の契約書です。同様に、農夫と家畜の間にも、契約の一種があると考えられます。つまり、農夫は家畜を飼養する代わりに、家畜から食糧を得るのです。家畜であるということは、人間社会の一部であると考えられます。そして、家畜のカテゴリーに入らない動物、たとえば野獣などは、人間社会から排除された「異常域」に属する生き物と捉えられます。

　例えば南スーダンのヌエル族は、狩猟で生活する男を明らさまに非難する。野獣の肉を食わざるを得なくなるというのは、牧畜民の資格に欠ける証拠だというのである。それゆえ、イスラエル人が禁じられた肉を食べたいと思ったろうと想像したり、この禁止令を厄介なものだと思ったろうと想像したりするのは、たぶん間違いであろう。(M. Douglas 1966＝

1972(2009): 142)

　要するに、穢れた行為をするということは、自らを人間社会の秩序から逸脱させることになります。そのため、その行為をわざわざ遂行することは考えにくいのです。また、穢れと思われる行為の判断基準を深く追求することも考えられないのです。
　最後に、廃棄物について考えてみましょう。廃棄物とは、日常生活や産業活動によって排出されて、捨てられる不用物を指します。ダグラスは廃棄物を「旧きもの」と定義付け、それが秩序に対して脅威を及ぼすか否かによって「汚穢」、または「廃棄物」に分かれると述べています。

>　精神内部における外的世界におけるとを問わず、[穢れが] なんらかの秩序を確立する過程では、拒否された旧きものに対する態度は２つの段階を経る。まず旧きものは明らかに場違いなものであり、善き秩序に対する脅威であるがゆえに、厭うべきものと見做されて強く排除される。この段階においては、旧きものはある程度本来の意味を保持しており、その前身がどのようなものであれ－例えば毛髪、食物あるいは衣服であれ－望ましからぬものと考えられる。これが旧きものが危険とされる段階である。なぜなら、そのもの本来の意味はいまだに消滅せず、そのものが闖入し存在することによって新しい場の聖潔が損なわれるからである。
> (M. Douglas 1966＝1972(2009): 358)

　「汚穢」が物質であれば、いずれ消滅してしまう可能性があります。物質としての痕跡が消えてしまうことによって、付随された「脅威」という価値までもが失われます。その「汚穢」が、なぜ我々に対して、脅威であったかまでもが忘れ去られてしまうからです。廃棄とは、現状の秩序体系の中では、何ら価値のない物を指します。

　しかし、穢れと見做されるものはそれが物質であるかぎり、長い過程

を経て粉砕され、分解され、腐敗し、最後にあらゆる痕跡は消滅する。さまざまな旧きものの起源は見失われ、それは多くありふれた価値なきものとまじりあってしまう。なにかを求めてその種の廃棄物の中をほじくりかえすことは不気味なことである。その行為は旧き意味を呼び醒ますことになるからである。しかしながら、そのものの前身が失われているかぎり、それが危険を伴うことはないだろう。廃棄物はある限定された場に－つまり累積した各種の価値なきものに－属していることが明らかであるがゆえに、曖昧な違和感をすら生むことはないのだ。(M. Douglas 1966＝1972(2009): 358)

　廃棄物（rubbish）とは、旧来の価値を忘れさられたため、社会構造の秩序を脅かす恐れがないので、現状の秩序体系の中では「穢れ」「不潔」とは認識されないのです。
　この観点に則ると、現代社会において「ゴミ」や「不用物」が問題として取りあげられるのは、「ゴミ・不用物」自体が、社会構造の秩序を脅かす危険があると認識され、その中に旧来の価値を見いだしていることが考えられます。つまり「ゴミ・不用物」は決して「不用・不要」ではないのです。もし「ゴミ・不用物」が社会構造の中で「廃棄物」として認識されていたとしたら、それらは「価値なきもの」なので、私たちの中に「曖昧な違和感」など生じません。つまり「ゴミのリサイクル」とは、不用物に、「正常と思われる」新たな価値を付与することによって、社会秩序に再度取り入れようとする動きであると解釈できます。
　ダグラスは、社会構造を肉体構造となぞらえており、彼女の理論はデュルケームの系譜を受け継いでいます。これは彼女の著書の中で、時折見られるデュルケームの用語（有機的連帯など）が使われていることだけでなく、（社会）秩序を保つためには、周辺域や異常域がいかにして正常域に取り入れられるかという視点から社会を分析しようとする姿勢からも明らかです。彼女の研究視点によると、社会構造を理解するには、社会異常を分析し、何が正常であるかを理解することが重要なのです。

ところが、ダグラスには革新的な考え方も見られます。古典社会学理論に則った議論展開をしているために、保守的な考え方をしているとも捉えられますが、1960年代に活躍した学者の中では、前衛的な考え方の持ち主です。例えば、男性社会における女性解放と性の問題が同時に起こる点について次のように述べています。

　　男性支配が社会組織の中心原理として認められ、それがいかなる抑制も受けずかつ物理的強制の権利を伴って適用される場合には、性の汚れに対する信仰が高度に発達する可能性はないのである。ところが、男性支配の原理が社会生活の秩序を送出するために適用されながら、それが別種の原理と－つまり女性の独立とか、弱い性として暴力から保護される女性固有の権利といった原理と－矛盾するような場合には、性の汚穢(けがれ)がいちじるしく目立つ形で出現してくるのだ。(M. Douglas 1966＝1972(2009): 324)

ここでは、オーストラリアのワルピリ族を事例に論証していますが、この分析は1960年代後半から起こった、欧米社会の女性解放運動の動きにも当てはまります。当時、家父長制度（男子中心の家族制度）の批判、女性の家庭における役割の軽減、職場での女性差別の撤廃が叫ばれる一方、保守派からは女性独自の権利を社会で確立することで、従来の家族形態が崩壊し、性の乱れが横行するとの反論がありました。

さらに、ダグラスは欧米の人類学者が、ヨーロッパ中心的な視点から未開文化を分析する傾向が強いことを批判しています。欧米の人類学者の研究姿勢に対して、「ヨーロッパ文化の根底には、異邦人は真の精神的宗教を知らないという自己満足的仮定が潜んでいる」(M. Douglas 1966＝1972(2009): 152)、また「原始的呪術に対するヨーロッパ的偏見のゆえに、未開文化と現代文化との間に誤った区別が設けられる」(M. Douglas 1966＝1972(2009): 152) と強く批判しました。人種・宗教・性別などの違いによる偏見や差別を含まない中立的な表現や用語を用いる「政治的妥当性(ポリティカル・コレクトネス)」に関して、次のように非難してい

ます。

　私はむしろ、「原始的(プリミティブ)」なる用語を避けようとする専門家的思いやりは、自らの優越を密かに確信していることの結果だと考えるのだ。自然人類学者も同様な問題を持っている。彼等は「民族的集団(エスニック・グループ)」なる語のかわりに「人種(レース)」という語を用いようとしているが、こういった用語上の問題があるからといって、さまざまな人間を区別し分類するという任務は放棄していないのである。（M. Douglas 1966＝1972(2009): 187）

　この引用文から見られるように、ダグラスは革新的な見方で、現代社会を批判した研究者の1人と考えられます。

Sociological Application　廃棄魚種を食料品に

　2012年8月12日付けのニューヨークタイムズ紙の記事に、侵入生物種（invasive species）のアジアン・カープ（Asian Carp）の記事が掲載されました。アメリカ国内には、アジアン・カープの名で称される鯉に似た魚は、少なくとも9種類います。記事で取りあげられている魚は、ビッグヘッド・カープ（学名：hypophthalmichtys nobilis）とシルバー・カープ（学名：hypophthalmichtys molitrix、日本名：ハクレン）です。アメリカ環境保護庁（U.S. Environmental Protection Agency）によると、1972年にアーカンソー州の湖沼の水質浄化と水中植物駆除の目的で、中国からビッグヘッド・カープとシルバー・カープを輸入しました。そして、グラス・カープ（学名：ctenopharyngodon idella、日本名：ソウギョ）を中国からアメリカ国内に輸送した時に、ブラック・カープ（学名：mylopharyngodon piceus、日本名：アオウオ）が混じっていました。後に、ナマズ養殖池を荒らすカタツムリを駆除するために、鯉類を放流しましたが、そのうちの何匹かが何らかの形で、養殖池から河へと逃げ出しました。さらに、1990年代のミシシッピ河の大洪水によって、

多くの鯉類が野生に放流されました（U.S. Environmental Protection Agency 2013）。

シルバー・カープ、グラス・カープ、ブラック・カープは、中国四大家魚の種類として知られています。アメリカ国内では、シルバー・カープに似通ったビッグヘッド・カープも合わせて「アジアン・カープ」と呼ばれています。2013年現在、アジアン・カープの有害性が問題視されている地域は、ミシガン湖周辺地域です。1990年代にミシシッピ河に逃れたアジアン・カープは、そのままミシシッピ河を北上し、イリノイ河を北東へ上り、シカゴ川とカリュメット川を経由して、ミシガン湖へ到達するのではないかと危惧されています。ビッグヘッド・カープとシルバー・カープは、水中の植物性プランクトンを大量に食べるために、他の魚種の生態系までをも脅かす有害魚として、2009年に駆除の対象に指定されています。

写真7-1は、ビッグヘッド・カープで、体長は約61cmあります。

写真7-1　ビッグヘッド・カープ
出典：U.S. Fish and Wildlife Services. Asian Carp Management Image Library
http://asiancarp.org/images.asp

イリノイ州トムソン市のシェーファー・フィシャリーズ社（Shafer Fisheries）では、アジアン・カープの加工品を製造・販売しています。代々家族で経営しており、3代目がジェームス・シェーファー（James Shafer）氏です。彼の話によると、アメリカ国内では、ビッグヘッド・カープの肉質の方が、シル

バー・カープの肉質よりも高く評価されているそうです。ビッグヘッド・カープの肉はまったく臭みがなく、自分の好きな調味料を使えば、その味が楽しめるからです。アメリカでは、魚本来の風味を楽しむよりは、ハーブや調味料で香り付けした上での魚料理を楽しむ傾向が強いそうです。シェーファー・フィシャリーズ社では、ビッグヘッド・カープをサラミにして販売しており、近郊のシカゴ市だけでなく、ニューヨークのレストランからの注文もあるそうです。

　一方、ミシシッピ河を漁場とする人たちの間で嫌われているのは、シルバー・カープです。大きいものになると、数十 kg に及び、ボートのモーター音に驚いて勢いよく水面を飛び跳ねます。ボートに飛び乗るだけならまだよいのですが、漁業者の中には、シルバー・カープに激突され負傷した人たちもいます。写真 7-2 はシルバー・カープで、体長は約 61cm です。

写真 7-2　シルバー・カープ
出典：U.S. Fish and Wildlife Services. Asian Carp Management Image Library
http://asiancarp.org/images.asp

　ビッグヘッド・カープの買手は見つかるのですが、シルバー・カープの買手はみつかりません。シルバー・カープの肉には独特の臭みがあるためです。シェーファー・フィシャリーズ社では、中国や東欧諸国からの顧客に輸出しています。海外の顧客との繋がりを強化するために、ジェームス・シェーファー氏は、現地に積極的に出向いているそうです。

ところが、海外とのネットワークがない場合、アメリカ国内での市場を開拓するしかありません。イリノイ州では、さまざまな試みが行われており、成功した事例もいくつかあります。まず、地産地消（produce local, consume local）の一貫として、アジアン・カープをブランド化することに努めています。侵入生物種の市場開拓を行ってきた、レストラン・シェフのフィリペ・パローラ（Philippe Parola）氏に依頼し、シカゴの高級レストラン向けにメニューを考案し採用されました。

　次に、社会事業の一貫として、貧困者救済・慈善事業に特化した非営利組織団体と連携し、アジアン・カープを貧困者向けの仕出しに採用してもらうことです。この事業は、ターゲット・ハンガー・ナウ（Target Hunger Now!）と呼ばれており、2012年にアジアン・カープを貧困者に提供したところ、気に入ってもらえたようです。

　一方、芳しくない事例もあります。アジア系・東欧系のエスニック・コミュニティに販売することを検討していますが、シカゴ市のエスニック・コミュニティの流通システムは、移民の出身国・地域などで独自のネットワークをすでに築いており、エスニック・コミュニティと何の繋がりもないアメリカ人が参入するのは難しいのが現状です。

　次に、アジアン・カープ以外の名前をつけて販売することを試みました。アメリカ人は、鯉類は水底のものを餌にしている生物（bottom feeder）なので、不潔な魚だとの認識があります。しかしアメリカ人は、魚の味の違いにはあまり敏感ではありません。ホワイト・フィッシュ（white fish）と名前を変えて販売することも検討されていますが、偽装販売になるのではないかとの懸念もあります。

　このように、イリノイ州では可能な限り税金を使わずに、アジアン・カープを駆除し、再利用するシステムを模索しています。イリノイ州職員のケビン・アイロンス（Kevin Irons）氏は、ミシシッピ河やイリノイ河を漁場としている漁師と連携すれば、公的資金を投入しなくとも、アジアン・カープの数を減少させることが可能ではないかと考えています。ところが、アジアン・カープは、廃棄魚と認識されているため、これらの魚の金銭的価値はほとんどありま

写真 7-3　アジアン・カープを搬送するトラックの荷台
出典：U.S. Fish and Wildlife Services. Asian Carp Management Image Library
http://asiancarp.org/images.asp

せん。写真 7-3 はアジアン・カープを搬送するトラックの写真ですが、荷台には魚の上にペットボトルのゴミも見られます。氷で冷やされている形跡もなく、魚を丁寧に扱っているようには見られません。

　ほとんど市場価値がないため、漁業者は、アジアン・カープを捕獲したとしても河に戻してしまい、積極的に漁獲しようとはしません。魚価を高めるためには、新たな市場を開拓する必要がありますが、中国・東欧などにアジアン・カープを輸出している会社は、アメリカ国内には数社しかありません。新たな産業として軌道にのせるためには、アメリカ国外の鯉類を扱う業者とのネットワークを作るか、またはアメリカ国内で食用・非食用を問わず需要を喚起する必要があります。

　一方、アジアン・カープに金銭的価値を付けることによって、アジアン・カープを新たに養殖し始める人たちがでてくるのではないかとの懸念もあります。そもそも、アジアン・カープがミシガン湖に侵入することを防ぐために、ミシシッピ河とイリノイ河領域に生息するアジアン・カープを駆除することを目的で始めた事業です。ところが、新たな産業として成立してしまうと、多くの人びとが市場に参入し、営利目的でアジアン・カープを養殖し始めるので、

結果としてアジアン・カープの数を増やしてしまう恐れがあります。

　何が不用で、何が有用であるかという境界線は、時代と共に変容します。ジュージア・ギレ（Zsuza Gille）氏は、1948年から2000年代までのハンガリーにおける不用物・不要物の再利用法について研究しました。彼女によると、ハンガリー社会の不用物・不要物は、地政学的背景、現地での「要らない物」に対する価値観、そして文化的・イデオロギー的意味を看過しては理解できないと述べています。

　不用物を効率的に駆除し、再利用を試みても、その過程から生じる意図せざる結果を、どのようにして社会秩序の中に組み入れるかが課題となります。廃棄魚アジアン・カープに価値を見いだすことによって、予期せぬ結果を生み出す可能性はあり、今後の動向が注目されます。

記述問題

（1）穢れの発生過程についてまとめなさい。
（2）「地産地消」という取組は、日本だけでなくアメリカでも行われています。日本の事例とアメリカの事例を比較して、類似点・相違点を述べなさい。
（3）アメリカのアジアン・カープ問題と日本のブラック・バス問題を比較し、類似点・相違点を述べなさい。

参考資料

メアリ・ダグラス著，塚本利明訳『汚穢と禁忌』ちくま学芸文庫，2009年．
ケビン・アイロン氏との筆者によるインタビュー，2012年8月2日．
ジェーム・シェーファー氏との筆者によるインタビュー，2012年8月6日．
Gille, Zsuzsa. 2007. *From Cult of Waste to the Trash Heap of History: The Politics of Waste in Socialist and Postsocialist Hungary*. Indiana: Indiana University Press.
U.S. Environmental Protection Agency. 2013, "Asian Carp Species." Retrieved on August 4, 2013
（http://yosemite.epa.gov/r10/ECOCOMM.NSF/B724CA698F60547988825705700693650/19CF2902BD848550882574160056CDD1）．
Lepeska, David. 2011. "Negative Image Aside, Asian Carp Are a Boom." *The New York Times*, August 12. Retrieved on August 4, 2013
（http://www.nytimes.com/2011/08/12/us/12cnccarp.html?pagewanted=all &_r=0）．

146

参考資料　1　アメリカ国勢調査局　アメリカ地域・区分の地図

出典：U.S. Department of Commerce Economics and Statistics Administration U.S. Census Bureau（Courtsey）

参考資料 2　アメリ国勢調査局　アメリカ地域区分・州名、州の略称

地域1	大西洋側の北東部地域（17世紀末、イギリスからの入植が始まった地域）
	区分1　ニューイングランド（New England）
	コネチカット州（CT）、メイン州（ME）、マサチューセッツ州（MA）、ニューハンプシャー州（NH）、ロードアイランド州（RI）、バーモント（VT）
	区分2　ミドル・アトランティック（Middle Atlantic）
	ニュージャージー州（NJ）、ニューヨーク州（NY）、ペンシルバニア州（PA）
地域2	中西部地域、カナダ側に近い中西部地域
	区分3　イースト・セントラル（East Central）
	インディアナ州（IN）、イリノイ州（IL）、ミシガン州（MI）、オハイオ州（OH）、ウィスコンシン州（WI）
	区分4　ウェスト・ノース・セントラル（West North Central）
	アイオワ州（IA）、カンザス州（KS）、ミネソタ州（MN）、ミズーリ州（MO）、ネブラスカ州（NE）、ノース・ダコタ州（ND）、サウス・ダコタ州（SD）
地域3	大西洋側南部地域、南部に近い中西部地域、メキシコ湾近辺の南部地域
	区分5　サウス・アトランティック（South Atlantic）
	デラウェア州（DE）、コロンビア特別区（DC）、フロリダ州（FL）、ジョージア州（GA）、メリーランド州（MD）、ノース・カロライナ州（NC）、サウス・カロライナ州（SC）、バージニア州（VA）、ウェスト・バージニア州（WV）
	区分6　イースト・サウス・セントラル（East South Central）
	アラバマ州（AL）、ケンタッキー州（KY）、ミズーリ州（MS）、テネシー州（TN）
	区分7　ウェスト・サウス・セントラル（West South Central）
	アーカンソー州（AR）、ルイジアナ州（LA）、オクラホマ州（OK）、テキサス州（TX）
地域4	ロッキー山脈辺りの地域、太平洋側
	区分8　マウンテン（Mountain）
	アリゾナ州（AZ）、コロラド州（CO）、アイダホ州（ID）、ニューメキシコ州（NM）、モンタナ州（MT）、ユタ州（UT）、ネバダ州（NV）、ワイオミング州（WY）
	区分9　パシフィック（Pacific）
	アラスカ州（AK）、カリフォルニア州（CA）、ハワイ州（HI）、オレゴン州（OR）、ワシントン州（WA）

謝　辞

　最初に、ASシリーズの監修者である大阪大学大学院言語文化研究科言語社会専攻　杉田米行先生、大学教育出版の佐藤守様、安田愛様、編集スタッフの皆様に感謝申し上げます。当初予定されていたスケジュールよりも、遥かに遅れた執筆作業であったにもかかわらず、本書を刊行する機会をくださいましたことを、この場を借りてお礼申し上げます。

　本書を執筆するにあたり、アメリカ合衆国イリノイ州（2012年7月24日〜2012年8月15日）とアメリカ合衆国ルイジアナ州（2013年3月10日〜2013年3月27）で調査しました。イリノイ州の調査には、一般財団法人水産大学校後援会より、学術援助費を、ルイジアナ州の調査には、独立行政法人水産大学校より教育研究等活性化推進費をいただきました。お礼申し上げます。

　さまざまな方々のご協力のもと、本書を完成することができました。イリノイ州の調査では、ケビン・アイロンス（Kevin Irons）氏、リック・L・スミス（Rick L. Smith）氏、ジェームス・シェーファー（James Schafer）氏、ホセ・オリバ（José Oliva）氏に調査のご協力をいただきました。ルイジアナ州では、ルニシア・E・ランピラ（Lunicia E. Lampila）氏、ジュリー・A・アンダーソン（Julie A. Anderson）氏、マーク・シャーリー氏（Mark Shirley）、C・グレッグ・ラッツ（C. Greg Lutz）氏にご協力いただきました。急なお願いであったにもかかわらず日程を調整してくださり、皆様にご親切にしていただいたことに対してお礼申し上げます。

2013年10月吉日

　　　　　　　　　　　　　　　　　　　　　　　　　　　　山元　里美

シリーズ監修者

杉田　米行　　大阪大学言語文化研究科教授

編著者紹介

山元　里美　（やまもと　さとみ）

　　水産大学校　水産流通経営学科　水産基礎講座　准教授
　　イリノイ大学大学院アーバナ・シャンペーン校修了
　　学位：Ph.D.（社会学）
　　主な著書
　　　山元里美．2013.「エンパワメント支援に見られる「自己の力」と「他者の力の」交錯－シカゴ市のワーカーズセンターの事例解釈」『移民研究年報』19: 89-106.
　　　Yamamoto, Satomi. 2012. "Association of Southeast Asian Nations" George Ritzer ed., *Wiley-Blackwell Encyclopedia of Globalization.* Oxford: Blackwell Publishing: 85-87.
　　　山元里美．2011.『ASシリーズ　第2巻　英語で学ぶ現代アメリカ水産業』岡山：大学教育出版.

ASシリーズ第11巻

社会学で解く現代アメリカ

2013年11月30日　初版第1刷発行

- ■著　　者 ── 山元里美
- ■発 行 者 ── 佐藤　守
- ■発 行 所 ── 株式会社　大学教育出版
　　　　　　　〒700-0953　岡山市南区西市855-4
　　　　　　　電話 (086) 244-1268　FAX (086) 246-0294
- ■印刷製本 ── サンコー印刷㈱

© Satomi Yamamoto 2013, Printed in Japan
検印省略　　落丁・乱丁本はお取り替えいたします。
本書のコピー・スキャン・デジタル化等の無断複製は著作権法上での例外を除き禁じられています。本書を代行業者等の第三者に依頼してスキャンやデジタル化することは、たとえ個人や家庭内での利用でも著作権法違反です。
ISBN978-4-86429-240-5